Javier Cortines

El Profeta y Darwin ¿Alianza o choque de civilizaciones?

Javier Cortines

El Profeta y Darwin ¿Alianza o choque de civilizaciones?

Editorial Redactum

Impressum / Imprint
Bibliografische Information der Deutschen Nationalbibliothek: Die Deutsche Nationalbibliothek verzeichnet diese Publikation in der Deutschen Nationalbibliografie; detaillierte bibliografische Daten sind im Internet über http://dnb.d-nb.de abrufbar.

Bibliographic information published by the Deutsche Nationalbibliothek: The Deutsche Nationalbibliothek lists this publication in the Deutsche Nationalbibliografie; detailed bibliographic data are available in the Internet at http://dnb.d-nb.de.

Coverbild / Cover image: www.ingimage.com

Verlag / Publisher:
Éditions universitaires européennes
ist ein Imprint der / is a trademark of
OmniScriptum GmbH & Co. KG
Heinrich-Böcking-Str. 6-8, 66121 Saarbrücken, Deutschland / Germany
Email: info@editions-ue.com

Herstellung: siehe letzte Seite /
Printed at: see last page
ISBN: 978-3-639-65023-5

EL PROFETA Y DARWIN
¿ALIANZA O CHOQUE DE CIVILIZACIONES?

Javier Cortines

La presencia de un pensamiento es como la presencia de una mujer amada.

Arthur Schopenhauer

ÍNDICE DE CONTENIDOS

INTRODUCCIÓN

El Profeta y Darwin ¿Alianza o Choque de Civilizaciones? aborda desde diferentes enfoques la problemática del mundo árabe y expone algunas de las claves que podrían ayudar a desactivar las tensiones entre el Islam y las potencias occidentales.

Ya entrado el siglo XXI, sigue sin resolverse la cuestión palestina, las guerras de la OTAN contra Irak y Libia no han conseguido los objetivos esperados y el mundo se estremece con la expansión del EI (Estado Islámico).

Asimismo, la crisis económica afecta a todo el planeta, en mayor o menor grado, contribuyendo a crear una atmósfera marcada por la incertidumbre y la inseguridad, caldo de cultivo de un futuro distópico (carente de ideales y horizontes).

Los retos de esta época son imponentes y se necesita "abrir puertas" a proyectos innovadores que no sólo ilusionen a los pueblos, sino también siembren de esperanzas la construcción de un nuevo orden internacional libre de perjuicios para dar un salto cualitativo en la edificación de la aldea global.

La democracia (el poder del pueblo) ha sido mutilada en muchas partes del mundo y el capitalismo ciego nos ha mostrado su rostro más devastador y letal. Ha llegado el momento de recuperar el sentido común y recordar con Francisco de Goya que "el sueño de la razón produce monstruos".

La fortaleza de una Europa segura y rica se desmorona, las contradicciones sociales se hacen cada vez más evidentes y algunos anuncian, en plan apocalíptico, el final de una civilización que no acaba de convencer a la inmensa mayoría de los habitantes de este planeta.

Tal vez ha llegado el momento de tender la mano al mundo árabe, mirar con renacida curiosidad hacia otras civilizaciones y hacia los momentos luminosos de la historia, al igual que hacían nuestros padres los griegos, para, desde **la** integración y el reconocimiento mutuo, rescatar el sentido de la vida en su significado más profundo.

Porque en el fondo todos buscamos lo mismo: paz, prosperidad y armonía. El odio, la venganza, la guerra son monstruos que destruyen la razón y la capacidad de amar del individuo. Quitemos la venda de los ojos a la justicia, demos alas a la imaginación y escuchemos a los sabios de Oriente y Occidente para que el Sol brille por igual en todos los rincones de la aldea global.

Espero que esta pequeña obra refresque la mente de los que aún creen en el hombre y su capacidad para renacer desde sus cenizas, como el Ave Fénix.

Javier Cortines

CAPÍTULO PRIMERO

El Profeta y Darwin

Cuando el científico evolucionista más importante de la historia, Charles Darwin (1809-1882), publicó en 1859 su magistral obra "El Origen de las Especies", afirmando que la existencia humana es producto del azar y no de la creación de Dios, provocó un escándalo sin precedentes en más de medio mundo, habitado por católicos y musulmanes, que dieron la espalda a "ese loco" que incluso se atrevió a decir que el hombre, "ese ser de descendencia divina" procedía del mono, animal que por fortuna o desgracia se parece demasiado a los individuos que pueblan este planeta de destino incierto.

Ha pasado más de un siglo desde que Darwin nos situó en el escalafón que nos corresponde entre nuestros hermanos los simios y, tanto Roma como La Meca, siguen haciendo oídos sordos a ese descubrimiento que partió, o por lo menos ensombreció a los adoradores de la Cruz y la Media Luna.

A pesar de que las mentes más preclaras de nuestra época aceptan sin reparos las teorías evolutivas de Darwin, tanto el Vaticano como los "descendientes del Profeta", siguen afirmando que los descubrimientos de Darwin no son más que "una metáfora" y que el hombre fue moldeado a partir del barro o un coágulo por el demiurgo alfarero cuando puso orden en el caos para evitar la desintegración del universo.

Dejando a parte esta breve introducción que para muchos creyentes puede ser un hachazo que amenaza con convertir los velos en biquinis, vayamos a lo práctico, a los puntos en común que tienen ambas religiones, con el fin de trazar puentes de hermandad en un mundo dominado por grupos de poder que, como dice Ernesto Cardenal, cada vez representan menos al pueblo.

Es fácil hablar de los aspectos negativos del Islam y el Cristianismo –si nos ceñimos a los postulados darwinianos- y proclamar, como algunos políticos españoles, entre ellos el ex ministro de Exteriores (conservador), Joseph Piqué, que la

"Alianza de Civilizaciones" propuesta por el ex presidente socialista, Rodríguez Zapatero, es "una gran ingenuidad basada en un desconocimiento total de la historia".

Si aceptamos esta premisa, que puede ser atractiva para los vaqueros del oeste americano, como el ex presidente George W. Bush, estamos propiciando un choque de civilizaciones sin precedentes que podría desencadenar una profunda crisis de consecuencias imprevisibles a escala planetaria.

Por eso es necesario una toma de conciencia y un posicionamiento de las vanguardias y otros agentes de cambio a fin construir puentes entre Oriente y Occidente y plantar las semillas que a medio y largo plazo permitan un acercamiento y una fusión de los aspectos positivos de ambas civilizaciones.

La Alianza de Civilizaciones no es una idea ingenua de Zapatero, quien ya convenció a Turquía de la necesidad histórica de materializar ese proyecto para construir una aldea global donde tengan cabida todas las religiones y todas las creencias. Cuando en enero de 2008, el primer ministro turco, Recep Tayyip Erdogan, visitó la ciudad española de Granada, no sólo dijo que esa población del "Andalus" es un ejemplo de que es posible, sino que afirmó que "España y Turquía trabajarán juntos para conseguir la Alianza de Civilizaciones que es, a su juicio, la mejor medicina contra el terrorismo y otros males que azotan el mundo".

Varias décadas antes, el prestigioso arabista Richard Fletcher viajó de vacaciones a Granada (1963) y se quedó sorprendido de "aquella cultura multirracial que había producido tantas maravillas".

Esa fascinante ciudad que asombró a Fletcher y a numerosos viajeros de todo el mundo, ya se había convertido siglos atrás en un ejemplo a seguir de "trabajo en equipo" -con las guías maestras de la tolerancia interrracial y cultural- cuyas ramificaciones alcanzaron a la España mágica de Toledo y su Escuela de Traductores cuya ingente labor contribuyó en gran parte al Renacimiento.

De momentos así debemos extraer lecciones para construir la aldea global del siglo XXI cuya conformación se presenta como el principal reto de la humanidad.

Hecha esta reflexión, vayamos a la raíz del cristianismo y el Islam. Podemos afirmar, independientemente de nuestras convicciones religiosas, de que "en su comienzo" tanto las enseñanzas de Jesús como las de Mohammed (Mahoma) supusieron un gran avance para los más desfavorecidos: los pobres, las mujeres, los débiles, los enfermos etc. así como un encomiable esfuerzo de justicia social. En la época pre-islámica, por ejemplo, existía la costumbre de "enterrar viva a la hija recién nacida".

Sin embargo, ni el Islam ni el Cristianismo –como se demostró- "asimilaron los cambios que demandaban los descubrimientos científicos y acabaron convirtiéndose en religiones reaccionarias e involutivas que retrasaron gravemente el progreso de la humanidad. Ni las teorías de la evolución de Darwin, ni la teoría heliocéntrica de Copérnico (concebida por primera vez por Aristarco de Samos (320-250 A.C), entre otras muchas, encajaban en el Corán y la Biblia. Dios hizo al hombre de barro y Alá (Dios) de un coágulo, señalan ambos textos sagrados considerados la palabra divina y, por lo tanto, verdades incuestionables. Cuestiones de fe.

Para los musulmanes Jesús no es el Hijo de Dios, es un profeta. El misterio de la Santísima Trinidad, la Encarnación y la Resurrección es algo incomprensible para ellos. Los musulmanes no entienden que Dios permitiera que su hijo fuera crucificado ni el misterio de la Santísima Trinidad, cuyas raíces están en India (Bhahma, Visnú y Shiva) o en el Egipto faraónico (Oiris, Isis, Horus).

"Jesús es un Profeta, como Ibrahim (Abraham) o Mussa (Moisés), no el Hijo de Dios, como afirman los católicos", me decían mis alumnos a finales de la década de los setenta del siglo pasado cuando trabajaba como profesor de lengua y literatura española en el Centro Hispánico de El Cairo, reconvertido hoy en el Instituto Cervantes.

Para ellos Jesús era un profeta que preparó el camino de Mahoma, quien para ellos es el último que bajó a la Tierra para sacar al hombre de "los Tiempos de la Oscuridad (Ignorancia)" y mostrarles el camino del Paraíso, donde se encontrarían con las huríes, bellísimas diosas de cabellos dorados y ojos claros, que les harían eternamente felices.

Tanto los cristianos como los musulmanes tienen muchas cosas en común: Creen en un mismo Dios, reverencian a los patriarcas, profetas y reyes del Antiguo Testamento (Abraham, Isaac, Jacob, Moisés, Elías, David y Salomón) y consideran sagrada a la Virgen María, a la que concretamente está dedicado uno de los capítulos (suras o azoras) del Corán (azora 19). Los seguidores de ambas religiones ayunaban, daban limosnas a los pobres, y hacían peregrinaciones a los lugares santos: El Camino de Santiago y la Meca, son dos de los ejemplos más sobresalientes.

El Corán exige a los musulmanes que respeten a los pueblos del "Ahl al-Kitab", la "Gente del Libro", es decir, a los judíos y los cristianos:

'No disputéis con la Gente del Libro salvo en la forma más justa, excepto con quienes obren injustamente; y decid: "Creemos en lo que se nos ha enviado de lo alto, y en lo que se os ha enviado a vosotros desde lo alto; nuestro Dios y vuestro Dios es Uno y a Él nos hemos sometido", decían los imanes de medio mundo en las mezquitas cuando el Islam estaba en su máximo esplendor.

Sin embargo, este mensaje conciliador, que en principio podría ser la base de "la integración" de ambas civilizaciones choca, como ha ocurrido siempre a lo largo de la historia, con la condición humana.

El profeta Mahoma, como afirma Fletcher en su libro "La Cruz y la Media Luna", no creía que estaba fundando una nueva religión. El pensaba simplemente que había sido elegido por el único Dios verdadero como el Mensajero que llevaría la totalidad de la revelación divina (una parte de la cual había sido otorgada a profetas anteriores) a la humanidad.

El Islam, religión que practican más de mil quinientos millones de personas, se funda en cinco pilares básicos, algunos de los cuales recuerdan a los ensalmos mágicos del antiguo Egipto. Estos son: "Una persona para abrazar la nueva fe debe pronunciar la fórmula 'No hay más Dios que Dios y Mahoma es su Profeta' es la 'shahada'. Una vez que alguien se convierte a esta religión debe seguir cuatro obligaciones: rezar cinco veces al día mirando a la Meca (es la salat); Dar limosna a los pobres, para lo que antiguamente se constituyó una especie de impuesto (la zakak). En tercer lugar debía realizar el ayuno ritual (sawm) que se practica durante el mes del Ramadán y cuya finalidad es purificar el cuerpo y el alma y finalmente se debía, si se podía, hace la peregrinación a la Meca por lo menos una vez en la vida (Hayy).

Además de estos cinco pilares en los que se basa el Islam, "Mahoma traía un mensaje de paz" en una época en la que eran frecuentes las luchas tribales y los beduinos se miraban con odio y desconfianza, por los agravios cometidos por los jefes nómadas de turno. El mundo pre-islámico era un campo de batalla donde las incursiones y represalias teñían de sangre los oasis y arenas del desierto. Además, era un pueblo que adoraba a todo tipo de ídolos, lo que era origen de violencia ciega y luchas constantes para imponer el culto a sus divinidades a los adversarios. Mahoma defendía que era necesario vivir una vida piadosa y ejemplar……….pero, sin embargo, "se podía ser coercitivo y violento si los incrédulos eran obstinados".

Hay que puntualizar que "ese mensaje de paz intertribal y hacia la Gente del Libro" merece una reflexión, si es que queremos sacar alguna conclusión positiva de cara al devenir histórico del siglo XXI.

La "tolerante" relación entre el cristianismo y el Islam que marcó el cristianismo y el Islam durante siglos -salvo algunas excepciones- y que ha acabado provocando un enfrentamiento "entre Dios y Alá", tuvo uno de "sus momentos telúricos" con la caída de Constantinopla (1.453), último reducto del Imperio Romano de Oriente.

El argumento de que Mahoma no se consideraba el fundador de una religión, sino el Mensajero cuya misión era completar la revelación divina, nos permite hacer también algunas reflexiones acerca de Jesús.

El Islam y la cultura islámica nace con Mahoma, quien en sus viajes de negocios por Oriente Medio, especialmente a Siria, se pone en contacto con el judaísmo, conoce algo del Antiguo Testamento de la Biblia, donde se habla de los profetas antes aludidos y se interesa por las doctrinas de la diáspora del cristianismo. Luego sus seguidores recogen sus enseñanzas en "El

Corán", considerado por los musulmanes como la palabra de Dios revelada a los hombres a través del Profeta.

Sin embargo, el cristianismo nació, creció y se desarrolló en el Imperio Romano. Un Imperio que admiraba el legado cultural de Grecia y Egipto. La Biblia del Antiguo Testamento tenía mucha importancia para los rabinos, pero en Roma sólo los curiosos la prestaban atención. Roma era una ciudad cosmopolita que contaba con bibliotecas de decenas de miles de libros, incluyendo el inconmensurable legado griego, cuya diversidad y riqueza, no permitían un pensamiento monolítico.

La Biblioteca de Alejandría, fundada en el año 295 a.d.c. por un general de Alejandro Magno, Ptolomeo I Sotero (305- 282) logró reunir más de medio millón de manuscritos griegos, judíos, egipcios, persas e indios, llegando a convertirse en una de las siete maravillas del mundo.

Ya los griegos discutían en el ágora acerca de la existencia o no existencia de Dios y los epicúreos bromeaban sobre las divinidades olímpicas y se confesaban ateos. Ese debate, impensable en el mundo árabe, salvo contadísimas excepciones, se sigue manteniendo hasta nuestros días. Hay que subrayar que el marxismo y la implantación del comunismo en gran parte del mundo fueron un punto de inflexión importante que retoma la corriente filosófica resumida por Nietzsche en su célebre frase de "Dios ha muerto".

Jesús nace en un mundo judeo-greco-romano en el que los grandes historiadores de la antigüedad como Herodoto miraban hacia Egipto, y, las clases cultas de Roma hablaban griego. Sólo con la caída del Imperio Romano (476 d.d.C.) y la deposición de su último Emperador, un niño de diez años llamado Rómulo Augústulo, por el jefe bárbaro Odoagro, se entra en una larga época de oscuridad en el que la cultura se preserva en "los armaria" (estantes, armarios) de los lóbregos y lúgubres monasterios. Es en esa época en la que sólo se escucha a los padres de la Iglesia y "La Biblia" se convierte en otro Corán.

Es en ese momento cuando se produce un milagro en la historia de la humanidad. La Biblioteca de Alejandría, tras sucesivos incendios y saqueos, pasa a ser un recuerdo nostálgico del esplendor que llegó a alcanzar la civilización. Y el Islam, que se había extendido por medio mundo, recoge la antorcha de la civilización, recupera en gran parte la cultura clásica y "saca a Occidente de su agonía". Su valiosa aportación fue clave para que se produjera el Renacimiento y la llamada Edad Moderna. Sin su contribución, Occidente no sería hoy lo que es".

Las grandes obras científicas y filosóficas griegas fueron salvadas del olvido gracias a los sabios musulmanes, cuyo florecimiento más acusado se dio en Bagdad a partir de la segunda mitad del siglo VIII.

Los eruditos y traductores árabes lograron aglutinar las antiguas culturas griega, persa e india. Todo este acervo cultural fue transmitido a la España musulmana y, de ella, a los reinos cristianos medievales. La Córdoba califal de Abd al-Rahman III y Al_Hakam II contaba con una biblioteca que llegó a albergar 400.000 volúmenes y todo ese legado cultural se integró en un mundo musulmán, judío y cristiano con tal fuerza que Córdoba se convirtió en la heredera científica y cultural de Bagdad.

Ahora retrocedamos en el tiempo y vayamos a los orígenes del Islam y el cristianismo.

Cuando Mohammed deja ese mundo en el año 632 d.d.c "ya ha creado un movimiento fuerte y unos pilares sólidos que permanecerán, con altibajos, hasta nuestros días".

Sin embargo, cuando Jesús muere los cristianos son perseguidos durante siglos al ser considerados una simple secta por los estratos más cultos y poderosos de Roma.

Hasta el siglo IV los doctores de la Iglesia no se ponían de acuerdo en quién fue Jesús. Unos defendían su divinidad, otros en cambio decían que sólo fue un gran rabino (un maestro). La figura de Cristo estaba por hacerse.

En este ambiente Constantino el Grande promulga el Edicto de Milán en el año 313 d.d.c. y lleva a cabo el Concilio de Nicea en el 325 dando legitimidad, por primera vez, al cristianismo en el Imperio Romano. Para dar cuerpo doctrinal a la nueva Iglesia recapituló los rituales religiosos del mitraísmo que incluían: una divinidad que nació en una cueva sin participación paterna en la concepción, el bautismo, la Eucaristía, la resurrección de un dios salvador que murió y resucitó para mediar entre el Hombre y el

Padre Dios, El Juicio final, El Cielo y el Infierno. (Rituales recogidos en Los Vedas en torno 1.400 a.d.c.)

Tanto la doctrina de Jesús, que es en esencia un mensaje de amor al prójimo, como las revelaciones de Mohammed "que intenta sacar al hombre de 'la ignorancia y la apostasía' pierden su "pureza" con la muerte del nazareno, considerado sólo un profeta por los musulmanes, y Mohammed, tachado de impostor y salteador de caravanas por gran parte de los occidentales.

Tras haber mostrado ciertas similitudes entre el Islam y el Cristianismo es necesario recordar que para los árabes, "cuando dominaban el mundo": la Gente del Libro era imprescindible como pagadores de impuestos, gestores, y artesanos, pero eso era todo. Los nuevos amos no estaban interesados, salvo algunas excepciones, por los "logros de la cultura cristiana". Por otra parte, las masas que veían en Cristo al Hijo de Dios, no podían ser indiferentes al Islam, al ser la civilización dominante.

No hace falta hacer un esfuerzo titánico para comprobar que lo mismo ocurre ahora, pero a la inversa, ya entrado el siglo XXI: existe "un desconocimiento despectivo" y un rechazo general hacia la cultura islámica. Este asco, miedo y desprecio colectivo hacia el Islam, cuyos pueblos están marcados "como ganado de los imanes", ha contribuido a la emigración, el fanatismo religioso y el terrorismo, fenómeno que conmovió al mundo, primero, con el asesinato de Anuar al Sadat (1.981) por los "Hermanos Musulmanes" tras la firma de los acuerdos de "Camp David" y fue agravándose, tras un rosario de incidentes, con el atentado de las Torres Gemelas de Nueva York del 11 de septiembre del 2001 planeado por el líder de Al Qaeda, Osama Bin Laden, quien fue abatido por unidades de elite de las SEAL, en coordinación con la CIA, el primero de mayo de 2011, en la localidad de Abbotabad (Pakistán).

Los musulmanes, como hemos dicho, respetaban a la Gente del Libro siempre que "no ofendieran al Islam". Un ejemplo muy clarificador de "la espada del Islam" lo retrata Fletcher al referirse "al caso de dos hermanas, Alodia y Nunila" naturales de la ciudad española de Huesca, en las estribaciones de los Pirineos. Estas mujeres eran hijas de un matrimonio mixto de un padre musulmán y una madre cristiana. Al morir el padre, la viuda volvió a casarse de nuevo con un musulmán. Este segundo marido resultó menos tolerante...y ofreció a sus hijastras todo tipo de incentivos para que renunciasen al cristianismo. Se negaron a hacerlo y, en consecuencia, fueron decapitadas públicamente" (pág. 58 , la Cruz y la Media Luna).

Las frecuentes luchas entre cristianos y musulmanes, incluidas las cruzadas, no significa que no hubiera relaciones entre la cristiandad y Dar Al- Islam (La Morada del Islam). Al contrario, las relaciones eran intensas y ricas y, en especial, las diplomáticas.

Un ejemplo de esta amistad y admiración mutua, es un gesto revelador, reproducido en multitud de textos literarios, que tuvo el califa del Imperio Abassí, Harún al-Raschid con el soberano franco Carlomagno (768-814). El califa le envió como regalo un elefante, llamado Abu-Í'-Abbas, para conmemorar su coronación como emperador en Roma el día de Navidad. Este episodio no lo cito sólo para dar colorido a esta narración: entre los cristianos y musulmanes eran frecuentes, entre otras cosas, las negociaciones destinadas al intercambio de prisioneros de guerra. Esa inteligencia diplomática, que se hecha en falta estos días, donde la prensa sólo habla de torturas y humillaciones, bien podría servirnos de lección para hacer un balance de las actuales relaciones Occidente-Islam, marcadas por declaraciones insultantes, como las del ex primer ministro italiano, Silvio Berluscconi, convertido en un sátiro que "derrocha simpatía por todos los poros de su piel". No hace mucho tiempo declaró a la prensa, lo que tuvo un eco a escala internacional, "que la civilización árabe, es una civilización inferior", frase que hubiera quedado muy bien en los labios de Hitler, pero no en un líder europeo que solía decir que "Mussolini se rodeaba de camisetas negras y yo de bellas jovencitas". Hace un quinquenio (a comienzos de junio de 2009) un grupo de abogados italianos propuso un juicio contra ese adalid de la Unión Europea por promover la prostitución en sus "palacetes", donde más de una de sus "invitadas" ha declarado que cobraba mil euros por asistir a sus fiestas de "padrino de la Cosa Nostra".

Los árabes, nada más consolidar su imperio, dedicaron sus mejores energías a descubrir el legado de las antiguas civilizaciones y no dudaron en ponerse en contacto con la elite culta de la cristiandad, versada en valiosos conocimientos de la antigüedad persa y helenística. Su fuente más directa fueron las comunidades cristinas de Siria y del norte de Mesopotamia, cruce de caminos de grandes corrientes filosóficas y religiosas. Los musulmanes tenían un especial interés por la medicina, astronomía, agricultura y, en particular, por la filosofía. No ahorraron esfuerzos en profundizar en las doctrinas del Gran "Aflatun" (Platón), ya que veían en su obra un medio de valor incalculable para alcanzar una comprensión más elevada de los propósitos de Dios. Esta búsqueda contaba con la aprobación del propio Profeta, quien, según el hadiz o 'tradición' había dicho: "Busca el conocimiento, incluso en China". A los árabes les atraían, con especial interés, las obras científicas y filosóficas, y excluían todo lo relacionado con las leyendas, la mitología e incluso la literatura, Las mil y una noches, traducida del persa al árabe en el siglo IX, tal vez sea la única excepción que confirma la regla.

En cuanto a la religión, es necesario resaltar "que los hombres y mujeres cambiaban de fe por amor o el matrimonio" a pesar de los riesgos o las desgracias que podían caer sobre la pareja.

Es preciso, sin embargo, dejar claro que tenían una doble vara de medida, ya se tratase de un hombre o una mujer. En el caso de que se establecieran relaciones íntimas entre un cristiano y una musulmana en los territorios que estaban bajo su dominio, el hombre podía ser objeto de duras reprobaciones pero la castigada era casi siempre la mujer: la ley decretaba para ella la pena de muerte, pero solía conmutarse esa condena por la esclavitud. Había una excepción: las relaciones sexuales con las esclavas estaban permitidas y eran frecuentes entre los fieles de las religiones del Libro en todo el mundo mediterráneo.

Un caso de 1.356 revela el tipo de abuso (en todos los sentidos) que podía darse en esa sociedad.

Al parecer, un grupo de monjes de Roda (municipio de Albacete) mantenía relaciones sexuales con musulmanas y luego las vendían a las autoridades por haber cometido "actividades obscenas" con el fin de que fueran hechas esclavas. Luego, por privilegio de la Corona, se les permitió quedarse con ellas para que les "sirvieran" o para que simplemente dispusieran a su antojo.

Transgredir las fronteras sexuales manchaba no sólo el honor de la familia de la mujer, sino la dignidad de la comunidad musulmana en su conjunto. Ysa Yabir, de Segovia, que escribió un libro para la reeducación de los musulmanes españoles en el siglo XV, se mostraba categórico en la prohibición:'Tanto los hombres como las mujeres no se acostarán con infieles. Eso es una cuestión de fidelidad religiosa, no de raza".

La religión era en la Edad Media y lo sigue siendo hoy, ya entrado el siglo XXI, una barrera irracional levantada por "una civilización machista" que en Occidente comenzó a quebrarse al comienzo de la Era Industrial y en el mundo musulmán sigue representando un insulto y una vejación para todas las mujeres de credo islámico.

En mi primer viaje al Sáhara Occidental (Al Aiyun) en la década de los setenta del siglo pasado pude comprobar, con estupor, que todavía existía la esclavitud. Había mujeres a las que se llamaba la cuarta o la quinta esposa que ejercían de esclavas y como tal eran tratadas. (Duros trabajos, labores desagradables etc.). (Yo en aquella época estudiaba tercer curso de periodismo).

La práctica de la ablación (mutilación sexual femenina, la discriminación, la marginación en las mezquitas, trabajo abusivos, a veces como si fueran animales de carga, matrimonios pactados etc) hacen necesario un cambio de mentalidad en el mundo islámico para hacer posible, desde la dignidad, una Alianza de Civilizaciones.

Tras este inciso, volvamos a la Edad Media. Ya hemos dicho que, sin la aportación musulmana a la cultura en Europa, probablemente no se habría producido el Renacimiento.

Es necesario destacar, que la recuperación del pensamiento griego de la Antigüedad, y sobre todo de las obras de Aristóteles, supuso un reto para las creencias musulmanas. El discípulo de "Aflatum" afirmó que el mundo era inteligible sin la revelación. Bastaba con la razón para entender lo que es el ser humano. Para Aristóteles, el hombre estaba lo suficientemente capacitado para demostrar, a través de la deducción lógica y la observación empírica, las causas que rigen su comportamiento sin la necesidad de acudir a envolturas divinas. Para él, todo seguía una secuencia de causas y efectos y la razón era el filtro de la inteligencia que podía arrojar luz al por qué de todas las cosas.

Maimónides (1138-1204) dio una respuesta en su "Guía de los que Dudan" en la que se esforzó por buscar un equilibrio entre fe y razón.

Averroes (1126-1198) ofreció la suya en forma de comentarios a Aristóteles, así como en una serie de tratados, uno de los cuales lleva este significativo título "De la concordia entre la filosofía y la teología."

El enfoque más elogiado fue en su tiempo el de (santo) Tomás de Aquino (1225-1274), cuya solución a la dicotomía antagónica entre razón y revelación llegó a considerarse magisterio en la comunidad católica.

****

El Islam y el Cristianismo eran y son religiones del Libro pero aunque convivían, lo hicieron dándose la espalda. Aquí nos cabe hacer algunas preguntas ¿Por qué han chocado la Cruz y la Media Luna? ¿Qué esfuerzo deben hacer los imanes y los padres de la Iglesia católica para invertir ese proceso destructivo y abrir un nuevo capítulo de convergencia en la Historia? ¿Cómo hermanar los sistemas laicos de Occidente con los gobiernos teocráticos del mundo musulmán?

En esta apasionante e histórica relación de amor y odio, admiración y desprecio, entre musulmanes y cristianos, desempeñó un papel muy importante las cruzadas, tema que ha quedado como un capitulo romántico del pasado y ha convertido en personajes de leyenda a hombres como Ricardo Corazón de León o Saladino.

El director de cine británico Ridley Scott ha sido el último en hacer un retrato romántico de las cruzadas resaltando la figura caballeresca de Saladino en su espléndida película "Kingdom of Heaven" (El Reino de los Cielos, 2005).

Dante reflejó el espíritu del siglo XIV en su Divina Comedia. Entre los santos guerreros que pueblan su paraíso nos encontramos a figuras que combatieron -al amparo de Dios-

contra los sarracenos, como Roldán, que murió en Roncesvalles, o Godofredo de Bouillon, que conquistó Jerusalén en 1099.

Valga lo anterior como un simple apunte, ya que el tema de las Cruzadas nos llevaría uno o varios libros, al igual que cualquier reflexión sobre el poderío musulmán sobre gran parte del mundo durante cerca de mil años, y su brillante aportación a la cultura global- muy poco valorada- en España, durante ocho siglos.

En los intentos de conciliar Islam y Cristianismo destacan varias personalidades de la Edad Media, entre éstos Juan de Segovia (1458). Para éste pensador existía la esperanza de que, "sobre la base de un estudio renovado, los intelectuales cristianos podrían entablar un diálogo pacífico con sus homólogos musulmanes…".

Defendía Juan de Segovia que era imprescindible buscar caminos convergentes entre el cristianismo y el Islam, y dejar de poner "un énfasis obsesivo en las diferencias". Desgraciadamente, el idealismo altruista de este pionero de la Alianza de Civilizaciones cayó en saco roto. Su propuesta de celebrar una reunión conciliadora con la elite culta musulmana de Granada fue rechazada por éstos. Su Corán trilingue, legado a la Universidad de Salamanca, se perdió por la desidia de los rectores y docentes y desapareció como si se lo hubiera tragado la tierra. Su discípulo Hernando de Talavera, primer arzobispo de la reconquistada Granada, quiso rescatar las ideas de Juan de Segovia entablando contactos infructuosos con los musulmanes de la región después de 1492, cuando los ojos de España empezaron a mirar hacia las Américas, donde se produjo uno de los mayores genocidios de la historia.

Aquí creo conveniente resaltar un par de reflexiones de Friedrich Nietzsche –vertidas en su obra *El Anticristo*- que hace referencia a la época de la expulsión de los musulmanes de España por los reyes católicos. El profesor de Basilea dice así:

Se rechazaba la carne y se rechazaba la limpieza ya que ésta es sensual; la Iglesia es enemiga declarada de la limpieza (la primera medida cristiana después de la expulsión de los moros españoles, fue la clausura de todos los baños públicos, sólo en Córdoba había doscientos setenta).

Nietzsche continúa diciendo que:

El cristianismo (al que considera el vampiro del Imperio Romano), después de arrebatarnos la herencia del genio de los antiguos (griegos y romanos) nos robó la herencia del Islam; y subraya: La maravillosa civilización árabe de España, más adecuada a nuestros sentidos y a nuestros gustos que Grecia y Roma, fue pisoteada (no diré por qué pies); y lo fue porque debía su origen a instintos nobles, a instintos de hombres, porque decía sí a la vida, aunque lo decía con las magnificencias raras y refinadas de la vida oriental. Los cruzados lucharon también contra algo que debían adorar con las frentes en el polvo, contra una civilización que haría parecer a nuestro siglo XIX muy pobre y atrasado.[1]

El pensador lamenta también que los musulmanes "copiasen" cosas de los cristianos, lo que a su juicio no fue nada bueno para los primeros. Sin embargo, no tiene reparos en mostrar, al hablar de religiones, cierta simpatía por el Código de Manú, libro - dice- incomparablemente espiritual y superior (a la Biblia). Del citado código subraya el siguiente pasaje:

En él (El Código) destacan valores nobles, un sentimiento de perfección, de afirmación a la vida; el sol luce en ese libro, iluminándolo……No sé de libros en que se digan a la mujer cosas tan dulces como en la Ley de Manú.

En otro pasaje del código señala:

No hay nada más puro que la luz del sol, la sombra de una vaca, el aire, el agua, el fuego y el aliento de una muchacha.....Todas las aberturas del cuerpo de ombligo hacia arriba, son puras, todas las de debajo, son impuras; pero por lo que a la doncella se refiere, todo el cuerpo es puro.[2]

---

[1] El Anticristo. Nietzsche. (Ed. Brontes, págs. 43 y 120).
[2] (Idem, págs. 108 y 109).

Nietzsche no se queda corto en su crítica al cristianismo y dice, con cierto sarcasmo e ironía: *Nunca me he encontrado con libros tan difíciles de entender como los Evangelios.*

Al parecer, algunas de las doctrinas cristinas, tenidas hasta ahora como cuestiones indiscutibles de fe, han hecho recapacitar al propio Papa Francisco, quien acaba de cuestionar la teoría del Infierno como castigo eterno, lanzada en el siglo VI por San Agustín. El Pontífice ha declarado en un discurso a los nuevos cardenales que: "*En el ADN de la Iglesia de Cristo no existe el castigo para siempre, sin retorno, inapelable*" (El País, 21/ 02/ 2015).

*****

El espíritu conciliador de Hernando de Talavera fue ignorado por el archiconocido arzobispo de Toledo y primado de España, el cardenal Cisneros, quien insistió en una política desastrosa de bautismo forzoso en línea con la apisonadora ciega de la Santa Inquisición.

Nicolás de Cusa, hombre de gran altura intelectual: teólogo, filósofo, matemático e historiador, recibió un encargo de su amigo el Papa Pio II: que escribiese algo para sacralizar sus planes de cruzada.

El Papa debió de tambalearse, incluso deprimirse, cuando Nicolás de Cusa le entregó un texto, demasiado avanzado para la época, que tituló "Cribatio Alcorani' (Una criba del Corán). Esta obra decía en síntesis que "si se estudia en profundidad el Corán (cribándolo) quedará muy claro que encajan perfectamente los preceptos coránicos con la doctrina de la Iglesia Católica, y que llenan las lagunas del Nuevo Testamento. Su idea central era que, bajo las aparentes discrepancias, hay una base común".

Nicolás fue más lejos en su obra "La Docta Ignorantia" (La docta ignorancia), en la que, con una humildad que recuerda a Sócrates (Sólo sé que no sé nada), proclamaba que "sólo se puede considerar seria la sabiduría, cuando se reconoce la ignorancia". Este pensador, que proponía "una criba culta" del Corán y la Biblia, adaptándose a los retos de la civilización, no había nacido para ser amado por los que se creen que Dios habla a través de ellos.

Nicolás de Cusa -dice Fletcher- se atrevió a introducir ideas que acogerían con gran entusiasmo las inteligencias más preclaras de la Europa renacentista.

Tal vez, ejemplos como el suyo, podrían servir en esta época – "en la que se ha hecho incómodo pensar, como pasear bajo la lluvia"(Pessoa)-, de abono intelectual para aquellas personas que defienden un 'diálogo interconfesional'."

****

Lo mismo que el eurocomunismo sirvió para alejar la rígida idea de un marxismo ateo que derivó en dictaduras opresoras que ignoraban los Derechos Humanos, y consiguió presentar una cara humana del socialismo que ha calado en muchas partes del mundo, sería deseable un proceso similar en el Islam. "Un Euro-norteamericano-islamismo" -en Asia esa problemática no existe- adaptado a las comunidades musulmanas que viven en el viejo continente, podría servir de reflexión al resto de las Gentes del Libro y convertirse en uno de los puntos de inflexión hacia la necesaria, urgente e inteligente Alianza de Civilizaciones.

CAPÍTULO SEGUNDO

Mahoma: El Comienzo de una Nueva Era

El legado histórico de Mohamed (Mahoma) marcó una nueva época en la historia de la humanidad e influyó de forma decisiva en el Renacimiento y en el resurgir de una Europa sumida en las tinieblas tras la caída del Imperio Romano de Occidente, como he señalado en la primera parte de este libro que pretende arrojar algo de luz sobre un tema de máxima actualidad que no cesa de plantear interrogantes aunque ahora, con la llegada al poder en Estados Unidos del presidente Barack Obama, parece que Washington quiere corregir algunos de los errores, incluidos la Guerra de Irak, de su predecesor George W. Bush.

El atentado contra las Torres Gemelas de Nueva York que conmocionó al mundo entero, con la excepción de ciertas capas de la población musulmana que consideraron "la incursión suicida" como un castigo de Alá al nuevo César de la América Intocable- demostró, entre otras cosas, la rabia de los extremistas musulmanes que celebraron "como una victoria de David contra Goliat" la destrucción del World Trade Center de la capital económica del mundo y un ala del Pentágono, lo que causó la muerte de más de tres mil personas.

La reacción de Bush no se hizo esperar y pronto puso en marcha toda su maquinaria militar para aplastar al régimen de los talibán en Afganistán tras poner precio a la cabeza de Osama Bin Laden, jefe indiscutible de la red terrorista internacional "Al Qaeda" que en su día fue entrenado, como hijo predilecto de Estados Unidos, por la CIA (Servicios de Inteligencia Norteamericanos) "para combatir al Diablo Rojo: El Comunismo".

Aunque el ex primer ministro británico, Tony Blair, el entonces presidente español, Jose María Aznar, y el propio Bush, se apresuraron a decir que las guerras de Afganistán e Irak no representaban un ataque contra los musulmanes de ninguna parte del planeta, coincidieron en que era necesario combatir el terrorismo islámico hasta sus últimas consecuencias, ya que la civilización occidental estaba seriamente amenazada. Producto de esa actitud, que no logró los apoyos de Francia, Rusia y China en el Consejo de Seguridad de la ONU, fue el inicio de una Cruzada contra el fundamentalismo y las "armas de destrucción masiva" del ex presidente Sadam Husein, cuya muerte en la horca, tras ser condenado culpable de genocidio contra su pueblo y considerado una amenaza para la paz y estabilidad mundial, fue filmada con un móvil el 30 de diciembre de 2006. Poco después de que esas imágenes impactantes y medievales se vieran en todo el planeta, la mayoría de los gobiernos europeos condenaron la ejecución y Libia decretó varios días de luto por el macabro suceso. Como se ha demostrado ni Bush ni Blair ni Aznar, que ahora es un invitado de lujo en muchas universidades de Estados Unidos, son el paradigma a seguir de los que proclaman el pacifismo, la reconciliación y la Alianza de Civilizaciones desde una perspectiva reconciliadora. Tampoco tienen altura moral para impartir cátedra ni hablar de Derechos Humanos, lo que se reflejó, entre otras cosas, en las sórdidas prisiones de Guantánamo, cuyas imágenes vejatorias han dado la vuelta por medio mundo. Cuando Barak Obama tomó posesión del cargo el 22 de enero de 2009, tendió una mano de amistad a las naciones musulmanas de todo el planeta e instruyó a sus ejércitos, repartiéndolos una especie de cartilla militar, para que "los guerreros" se aprendieran la lección de que "Estados Unidos no practica la tortura".

Estoy convencido, como reportero que ha ejercido cerca de veinte años el periodismo internacional, que dirigentes como Bush, Blair y Aznar han contribuido lamentablemente a crear un gran malestar en el mundo islámico e incluso han provocado "con sus políticas erróneas y equivocadas, una reacción ´tipo boomerang´ que está dando lugar a nuevas formas de terrorismo".

Hecha esta breve introducción, voy a pasar a otros asuntos que merecen, a mi juicio, nuestra atención.

Ya a mediados del siglo pasado (1956) el investigador canadiense Wilfred Cantwell Smith señalaba que los musulmanes "deberían aceptar los logros de Occidente y el mundo islámico debería realizar un gran esfuerzo si querían superar los retos que planteaba el siglo XX". Cantwell Smith, citado por numerosos

Muchos árabes creían que Alá, cuyo nombre significa simplemente 'Dios', era la misma deidad que adoraban los judíos y los cristianos.

Sin embargo, aquellas tribus de la península arábiga habían acumulado un gran complejo de inferioridad porque carecían de un Libro Sagrado, como la Biblia, y eso les hacía sentir que Dios no les había dado la importancia que merecían en sus planes divinos.

La situación cambió sobre el año 610 en la séptima noche del Ramadán, cuando Mahoma -cuentan los textos sagrados- se encontró al ángel cuando meditaba en la cueva de la montaña donde solía aislarse. Allí tuvo, según él mismo confesó a Jadiya, sus primeras revelaciones místicas.

Cuando un día se hallaba en un profundo estado de meditación, volvió a aparecérsele el ángel y le ordenó: ¡Igra! (Recita) ante lo que Mahoma se quedó petrificado y respondió que no sabía.... Luego el ángel le abrazó y Mahoma debió tener una experiencia mística (según los creyentes) que estaría en paralelo, salvando las distancias, con la de San Juan de la Cruz.

****

"La revelación del Profeta fue algo escalofriante", me contó en 2006 en Madrid un profundo conocedor del Corán, llamado Nassir, quien afirmaba que era descendiente de príncipes sirios. Una tarde me narró con los ojos iluminados:

Es increíble lo de Mahoma, sadiki[3]. Se encontraba en una cueva cuando el arcángel Gabriel le abraza hasta que casi pierde el conocimiento y le ordena ¡Recita! Al final, Mahoma se sorprendió asimismo pronunciando las primeras palabras del Corán:

[3] Sadiki: amigo mío, en árabe clásico. El relato íntegro de Nassir se cuenta en el último capítulo.

¡Predica en el nombre de tu Señor, el que te ha creado!
Ha creado al hombre de un coágulo.
¡Predica! Tu Señor es el Dadivoso
Que ha enseñado a escribir con el cálamo:
Ha enseñado al hombre lo que no sabía.

¡Qué cosa más maravillosa! agregó. ¿Cómo es posible que un hombre analfabeto pronunciase palabras tan elevadas y divinas?

****

Fuera como fuera y, dejando atrás esta anécdota, la Palabra de Dios se había escuchado por primera vez en Arabia y Éste se había revelado por fin en la propia lengua de sus habitantes. A partir de ese momento, los árabes ya tenían un motivo para considerarse dignos del Creador: empezaban a poder hablar con Dios con su Gran Libro que recibiría el nombre de Corán: La Recitación.

Mahoma no sólo se convirtió en el Mensajero, sino que demostró que tenía grandes dotes de estratega y político. Su diplomacia, aliada con la guerra contra las tribus reacias a abandonar el politeísmo, acabó cosechando un éxito abrumador y logró, con una serie de altibajos, transformar las condiciones de vida de su pueblo, integrarlo en una comunidad compacta e insuflándolo una identidad de la que se sentirían orgullosos, lo que les daría la energía suficiente para conquistar medio mundo.

Además, con la palabra divina revelada en árabe consiguió satisfacer las profundas necesidades espirituales de un pueblo que sentía un hondo vacío religioso y deseaba a igualarse, en ese sentido, a cristianos y judíos, que ya habían abrazado hace siglos el monoteísmo.

A Mahoma lo describieron sus seguidores como "un hombre extraordinario, absorbente y realista" quien, según afirmó el mismo, "recibió durante veintitrés años mensajes directos de Dios", que se recopilaron posteriormente en El Corán.

Para los musulmanes, Mahoma no sólo era un Profeta conmovedor, sino un ser piadoso y generoso que siempre se acordaba de los pobres, ancianos y oprimidos.

"Sadiki, el Profeta nunca se acostaba sin haber entregado la última moneda que llevaba a alguien que necesitara ayuda", me contaba Nassir en nuestras charlas que solían celebrarse en el Café Comercial de Madrid.

Mi amigo, exiliado político en España y gran conocedor del Corán, libro que sabía de memoria, afirmaba que:

En el mundo árabe está prohibida la usura. La banca del Estado tiene prohibido cobrar intereses. Mahoma advirtió muchas veces de que los ricos que amasan fortunas sin escrúpulos pagarán su pecado en el infierno.

Ahora reflexionemos un poco sobre una de las expresiones más bellas y antiguas que definen al mundo pre-islámico "Dahar Al Yahiliyyah", cuya traducción al español sería algo así como "los Tiempos de la Oscuridad" o "Los Tiempos de la Ignorancia".

Escuché por primera vez esta definición a finales de la década de los setenta en El Cairo. Tanto a mí como a otros españoles que vivíamos en Egipto, entre ellos un grupo de profesores y escritores, nos fascinaba como se pronunciaban en árabe clásico esas palabras que, según el literato y autor teatral, el catalán Carlos Trías, fallecido en 2007, le recordaban a "la Noche de los Tiempos".

También nos fascinaban otros verbos como el de "tener nostalgia de leche de camella", que era como la inefable ansiedad que tenía un beduino cuando estaba mucho tiempo sin beber esa leche, y el de "enterrar viva a la hija recién nacida" que reflejaba cruelmente la práctica habitual del infanticidio en los tiempos anteriores al Profeta.

Arabia Saudita antes de la llegada de Mahoma era un páramo desierto al que no prestaba ninguna atención los imperios de la época, en especial el bizantino.

Los árabes eran nómadas y estaban divididos en tribus en las que sus miembros se apoyaban como si fueran hermanos por una cuestión de supervivencia. Hacer daño a un miembro de la tribu era ofender a toda el colectivo que la integraba, por lo que las venganzas o luchas inter-tribales eran algo común. La vida de un hombre no valía nada. Las mujeres eran frecuentemente maltratadas y era costumbre enterrar a las niñas-bebés.

Pero algo cambió y el camello, por su capacidad de recorrer largas distancias estando hasta tres semanas sin beber agua, empezó a desempeñar un papel importantísimo en un "comercio internacional" que poco a poco enriqueció a algunas tribus que se asentaron en ciudades como la Meca. El dinero- dice Armstrong- llegó a fascinar tanto a los árabes que "algunos creían que podía producir hasta la inmortalidad".

Los árabes de los tiempos del 'Dahar al Yahiliyyah' criaban sobretodo camellos, eran pastores y se consideraban hijos del desierto, muchos de ellos llevaban una vida precaria, pasaban hambre y era habitual la desnutrición. En ese escenario desolador, los que peor lo pasaban eran las mujeres y esclavos, que carecían de los derechos más elementales, y eran tratados como bestias de carga o simple pertenencias. En ese mundo, marcado por la crueldad, el abono estaba más que preparado para la llegada de El Mensajero.

En este ambiente de "oasis y desiertos apartados del mundo," nace Mahoma sobre el año 570. Se sabe muy poco de los primeros años de la vida del Profeta y lo mismo puede decirse de la infancia de Jesús.

Había una cosa que diferenciaba a Mahoma de muchos de sus contemporáneos: "amaba y necesitaba a las mujeres".

Las biografías sobre Mahoma coinciden en que el Profeta consideraba imprescindibles a las mujeres en todos los ámbitos: como amantes, amigas, compañeras, consejeras e incluso guías. Las trataba con afecto y ternura y siempre acudió a ellas cuando tenía dudas o necesitaba protección.

Los imanes y los textos sagrados del Islam insisten en que "el Profeta no hubiera podido realizar su gran misión sin el apoyo incondicional y el consejo espiritual de su esposa Jadiya (pariente lejana), cuya muerte le produjo, posiblemente, la mayor tristeza de su vida.

Se cuenta que el día de su boda, Jadiya regaló a Mahoma un esclavo, llamado Zayd, a quien el Profeta puso en libertad y le convirtió en su hijo adoptivo. En esa época El Mensajero, como ya relaté anteriormente en boca de Nassir, mostraba un profundo amor por los más desfavorecidos, entre los que ocupaban el último escalafón los pobres y los esclavos.

Sabemos por El Corán que Mahoma ni por un momento llegó a imaginarse que iba a ser un Profeta, el sólo se consideraba, reitero, un simple Mensajero.

Cuentan los arabistas que para Mahoma la experiencia de la revelación por el ángel Gabriel fue "terrible y fascinante". Dicen que se arrastró a gatas hasta llegar a la casa de Jadiya, su principal apoyo en aquella época, ya que no podía sostenerse de pie.

Al parecer, Jadiya le tranquilizó con las siguientes palabras: "Dios no actúa de forma cruel y arbitraria. Eres bueno y considerado con el prójimo. Ayudas a los pobres y desesperados y asumes su carga. Te esfuerzas por enriquecer a tu pueblo con las elevadas cualidades morales de las que carece. Tratas con generosidad a los invitados y acudes, sin dudar, en ayuda de los desfavorecidos".

Esta mujer es el bastón en el que Mahoma se apoya y se refugia en los momentos difíciles. Tras recibir las primeras revelaciones, el Profeta vivió un periodo de hermético silencio y gran desolación que duró unos dos años. Pero entonces llegó la sura 93, la Sura de la Mañana, y le confortó con la belleza radiante de sus versículos:

¡Por la mañana!
¡Y cuando la noche impera!
Tu Señor no te abandona ni te aborrece
Tu última vida será mejor para tí que la primera.
Tu Señor te dará y quedarás satisfecho.
¿No te encontró huérfano y te dio un refugio?
¿No te encontró extraviado y te guió?
¿No te encontró pobre y te enriqueció?
¡No maltrates al huérfano!
¡No rechaces al pobre!
¡Explica el beneficio que te ha hecho tu Señor!

Al principio, el mensaje coránico era muy simple: es un pecado a los ojos de Dios amasar fortunas, la mejor forma de alabar a Alá es dar limosnas a los pobres y distribuir la riqueza de forma equitativa entre todos los miembros de la sociedad. Ese mensaje, que tiene puntos en común con el cristianismo y el comunismo "con rostro humano", todavía está grabado en la mente de millones de musulmanes aunque ahora, con la supremacía del capitalismo a escala planetaria y el culto al dinero, muchos creyentes han dado la espalda a ese credo, lo que tiene su mejor exponente en los jeques millonarios en petrodólares que, aunque consideran el oro negro un regalo de Alá, hacen muy poco para que sus beneficios lleguen a todas las clases sociales.

La belleza del Corán atrajo y sigue trayendo cada vez a más gente y parece que todavía en nuestros días la expansión del Islam es imparable.

El principal problema que afrontó Mahoma surgió cuando prohibió que se adorasen a otras deidades muy arraigadas en la tradición del pueblo árabe, sobre todo a tres divinidades consideradas las hijas de Alá (las bana al-llah) que tenían tres santuarios consagrados a ellas cerca de La Meca:

En la ciudad amurallada de Taif se alzaba el santuario de Lat, cuyo nombre significa sencillamente "la Diosa", y de cuyo cuidado se encargaba la tribu de Thaqif. También les gustaba llamarla al-Rabba, "la Soberana". En Najla se hallaba el recinto sagrado de Uzza, la más popular de los tres, cuyo nombre significaba "La Poderosa", y en su templo, junto a la costa de Qudayd, se encontraba Mana, Diosa del Destino.

Muchos coraixies estaban convencidos de que Mahoma les iba a seguir permitiendo adorar a Lat, Uzza y Mana. Al prohibir esa costumbre ancestral, el Profeta vio que muchos de sus seguidores le abandonaron, y comprendió que el Corán estaba a punto de provocar un cisma en dicha tribu.

Es a partir de este momento cuando se produce un "giro" en Mahoma que sigue teniendo repercusiones hasta nuestra época y que sirvió de base a la novela "Los Versos Satánicos" de Salman Rushdie.

Se dice que para evitar un fracaso en la propagación del Corán, Mahoma recitó dos versos en alabanza de Lat, Uzza y Mana como intercesoras válidas entre los hombres y Dios. Luego se arrepintió de su actuación y confesó que, cuando hizo la apología de las citadas diosas, su espíritu estaba debilitado, y, por esa causa, estuvo inspirado por Saitán (El Diablo).

La citada polémica se desató un día, para Mahoma aciago, en el que se encontraba meditando en La Meca. En esa ocasión le fue revelada "la desafortunada sura 53". Cuando se incorporó en medio de la gente que le rodeaba, recitó lo siguiente:

"¿Habeis visto a Lat, Uzza,
Y a Mana, la tercera?
Estas son las aves excelsas (gharaniq)
Cuya intervención se espera".

Las gharaniq eran probablemente grullas numídicas, de las que se creía que volaban más alto que ninguna otra ave. Al encontrarse a medio camino entre el cielo y la tierra, podrían actuar de intermediarias válidas entre Dios y los hombres como hacen los ángeles.

Los coraixies difundieron esa buena noticia por toda la Meca y dijeron "Mahoma ha reconocido la divinidad de las excelsas gharaniq".

Esta aceptación de Mahoma desencadenó la euforia y la reconciliación entre los coraixies hasta que el Profeta, tras una nueva revelación, negó de forma rotunda la existencia de esas diosas.

Llegaron nuevos versículos que degradaban a las banat al-Llah:

"Ninguna de vuestras diosas es digna de veneración. Alá no ha depositado poder alguno sobre ellas".

Esta fue la más radical de todas las denigraciones coránicas de las diosas, y después de la inclusión de este versículo en El Corán, volvieron las divisiones entre los coraxies.

El malestar de los coraixies llegó a convertirse en una seria amenaza para la vida Mahoma y sus seguidores. Las desgracias no llegaron solas y a principios del año 619 se produjo la muerte de su esposa Jadiya. El Profeta acorralado por los enemigos y hundido en la desesperación por el fallecimiento de su amada emprende con sus seguidores lo que conocemos con el nombre de

"La Hégira" (La Emigración). Los biógrafos del Profeta denominan el año 619 como el Año de la Tristeza de Mahoma.

Después de sufrir varias crisis espirituales, Mahoma tiene la mayor experiencia mística de su vida en el año 620, que se narra en las zoras del Profeta:

"Cuando estaba cerca de la Kaaba, se retiró un rato a descansar y, nada más dormirse, se le pareció Gabriel y le despertó. Luego lo subió a un caballo celestial, llamado Buruq, que lo llevó a lomos sobre las nubes hasta Jerusalén. Después de este vuelo nocturno (isra), Mahoma y Gabriel llegaron al monte del templo, donde fueron recibidos por Abraham, Moisés, Jesús y un grupo compuesto por muchos otros profetas".

Las fuentes agregan que oraron juntos y le trajeron a Mahoma tres copas que contenían agua, leche y vino. Mahoma eligió beber leche, como símbolo de la Vía Media que el Islam debía seguir, (el mismo pensamiento se encuentra en Buda, que llegó a una conclusión parecida cuando una campesina le dio un plato de arroz con leche. La revelación onírica explicaba en síntesis que El Corán debía evitar los extremos, tanto el ascetismo exagerado como los placeres desbordantes). A continuación trajeron una escalera (miraj) y tanto Mahoma como Gabriel subieron hasta el primero de los siete cielos y emprendieron el ascenso hasta el trono de Dios.

Esta experiencia mística posiblemente influyera en la decisión de Mahoma de que los rezos se hicieran al principio mirando hacia Jerusalén.

Tras una serie de avatares, Mahoma se establece en la localidad de Yatrib. Desde allí insta a toda la comunidad musulmana, especialmente a la de La Meca, a que realice la Hégira a dicho oasis, recién bautizado con el nombre de Medina.

Mahoma se encuentra con numerosas dificultades para abrirse camino en este oasis habitado por dos tribus exhaustas de combatir entre ellas: los Aws y los Jasraj. Éstas, al carecer de poder suficiente para imponerse la una sobre la otra, acaban encontrando en el Profeta a un mediador y un apaciguador. También debe hacer frente a varias comunidades judías que cuestionan su calidad de Mensajero.

Aquí aparece otra vez la buena estrella de Mahoma y sus buenas dotes de político: continuamente aumentan los conversos al Islam que, según los biógrafos del profeta, "caen fascinados ante la belleza sublime del Corán".

Ahora vamos a nombrar varios acontecimientos que marcarían fuertemente el rumbo del Islam.

En el año 624, Mahoma se encontraba dirigiendo las plegarias y de repente, inspirando en una revelación, ordenó a toda la congregación que diera la vuelta y rezara en dirección a La Meca, en lugar de hacerlo mirando a Jerusalén. Este gesto se interpretó como que Dios había dado a los musulmanes un nuevo centro de culto espiritual y una nueva dirección (qibla) para sus rezos.

Con este cambio, Mahoma consigue, además de lo anterior, colmar en parte el fuerte deseo de los musulmanes de la Hégira de regresar a La Meca, ciudad que llevaban en lo más profundo de su corazón.

Luego El Corán empezó a exhortar a los musulmanes de Medina a que participaran en la "yihad", palabra que, aunque se traduce erróneamente como guerra santa, significa, antes que nada: "un esfuerzo físico, moral, espiritual e intelectual" para conseguir una causa noble, suprema.

Otro hecho decisivo fue la batalla del Badr (año 624) entre los coraixies de La Meca y los seguidores de Mahoma. En ella el Profeta obtiene una victoria espectacular frente a un ejército muy superior al suyo.

En este nuevo escenario, Mahoma logra que la situación se invierta al lanzar el mensaje a toda Arabia de que la Meca tenía los días contados. El Profeta supo entonces que la unidad árabe era posible.

****

CAPÍTULO TERCERO

El origen del velo (Hiyab)

Ahora voy a hablar de un tema que tiene mucha actualidad en Occidente: el uso del velo (Hiyab) por parte de las mujeres.

En el año 625 Mahoma opta por ampliar su harém y tener otra esposa, Zaynab, (se dice que llegó a tener hasta veinticinco) con el fin de "establecer alianzas de sangre estratégicas" y poco después le llega la revelación de los Versos de la Cortina, los cuales decretaban que las esposas de Mahoma debían aislarse del resto de la Umma. Nos encontramos con el nacimiento del 'hijab' que suele traducirse por velo.

Dicen que Mahoma quiso adoptar la costumbre persa y bizantina de aislar a las mujeres de la clase alta como señal distintiva de la nueva categoría de sus esposas.

Los expertos coinciden, sin embargo, en que durante el periodo pre-islámico había una gran promiscuidad sexual en Arabia. La gente solía entrar en una casa u otra y hacer "fiestas indecentes, donde eran frecuentes los contactos físicos" a veces sin el menor pudor.

Algunos arabistas defienden la idea de que el 'hijab' se implantó para impedir que se produjera escándalos que pudieran dañar la imagen del Profeta. Otros, en cambio, argumentan que se adoptó para que la gente no abusara de la buena predisposición de Mahoma a hacer favores a todo el mundo, lo que se podía hacerse por mediación de sus esposas que eran fácilmente reconocibles al llevar el rostro al descubierto.

Al principio, sólo llevaban velos las esposas del Profeta, pero poco a poco esa costumbre se impuso, para imitar el modelo de Mahoma, cuya imagen iría creciendo con los siglos. Tampoco en tiempos del Mensajero las mujeres debían aislarse en una parte separada de la casa. Esas costumbres sólo se adaptarían varias generaciones después de la muerte del Profeta y se extendieron por el ya imparable y creciente imperio islámico.

Para los arabistas, los cristianos tampoco pueden hablar muy alto de la condición de la mujer, ya que sólo se reconocieron sus derechos hace unas pocas décadas y, en gran parte del mundo occidental, siguen estando discriminadas. Los occidentales - señala Karem Armstrong- "deberían reflexionar acerca de la actitud extremadamente negativa del cristianismo hacia las mujeres".

Y remata "la misoginia cristina era singularmente neurótica porque se basaba en un rechazo de la sexualidad que no se daba entre otras religiones del mundo, y que sin duda no se encontraba en el judaísmo o el Islam".

Tras esta explicación necesaria, a mi juicio -por ser un tema que quedará abierto durante mucho tiempo- vayamos a uno de los capítulos más gloriosos del Islam.

El día 10 de Ramadán, enero del año 630, el Profeta entra con un ejército de diez mil hombres en La Meca sin encontrar resistencia. Mahoma montado en su camella 'qaswa' (de la que decía tenía inspiración divina) gira siete veces alrededor de la Kaaba tocando la piedra negra y gritando ¡Al-Laju Akbr! (Dios es la más Grande). El grito fue repetido por diez mil soldados simbolizando la victoria definitiva del Islam.

Después, Mahoma destrozó los 360 ídolos colocados alrededor del santuario mientras recitaba el siguiente verso:

"Dí, ha llegado la verdad y se ha disipado el error".
Cierto, el error es disipable.

Luego, decreta una amnistía general y planta las semillas de un imperio que iba a dura mil años.

El 12 de rabi (8 de junio del año 632) Mahoma moriría en el regazo de su joven esposa Aisha, con la que compartiría los momentos más gratos de los últimos años de su vida.

EL CAMELLO

En este tramo voy a abordar varias prácticas islámicas (el sacrificio de animales, la denominación 'Halal', el Ramadán, el matrimonio y los entierros) con un espíritu, a veces, integrador, otras, crítico, pero con el objetivo puesto en la necesaria "Alianza de Civilizaciones" de cuyo éxito o fracaso dependerá la conformación de la futura aldea global.

Comenzaré por la 'Halal' y 'el sacrificio de animales' pero antes voy a hacer un paréntesis para recordar que "el comercio" fue, desde tiempos remotos, una actividad humana que puso en contacto a pueblos situados en polos opuestos de la tierra. Junto a las mercancías que partían de la Ruta de la Seda, viajaban también "cargamentos de ideas" que eran acogidas con gran interés por los Imperios persa y romano y viceversa.

La Arabia pre-islámica salió de su aislamiento y estableció vínculos con otras culturas como la siria y la persa gracias a la dureza de un animal casi sagrado para los árabes, el camello, cuya resistencia permitió a tribus pobres y semisalvajes, abandonar los desiertos, abrir los ojos al mundo y 'hacer negocios con los vecinos'. Ya dije antes que los primeros mercaderes árabes consideraban el dinero como algo mágico, como talismán alquímico que incluso podía proporcionar la inmortalidad. Ese pensamiento también era común en el Egipto faraónico, donde los sacerdotes y reyes afirmaban que los dioses "tenían la carne de oro y los huesos de plata".

El papel del camello, ese inteligente y formidable rumiante que puede estar hasta tres semanas sin beber agua, fue esencial para que las tribus pre-islámicas salieran de la larga noche de "Los Tiempos de la Oscuridad".

¿Para qué sirvieron los negocios a lo largo de la Historia? Algunos dirán que para hacer rica y poderosa a una minoría dominante y opresora; otros, en cambio, defenderán que el intercambio de mercancías contribuyó a crear una red internacional de ´socios comerciales y amigos' que, con el paso de los siglos, desembocaría - haciendo una síntesis entre imaginación y lógica- en la Organización Mundial del Comercio (OMC), OPEC, UE etc. Las dos hipótesis son válidas, ya que no pocas veces el comercio ha ido unido a la explotación masiva de esclavos, así como de agricultores, campesinos y obreros, que contribuyeron a llenar las arcas de los templos, los magnates y los palacios.

"LA HALAL" Y EL SACRIFICIO DE ANIMALES

Estoy convencido de que muchos empresarios- con la excepción de los del Extremo Asiático, con los que estoy familiarizado- desconocen las inmensas posibilidades de negocio que ofrece el mundo musulmán, integrado por unos 1.500 millones de personas.

Y me hago varias preguntas ¿Podría contribuir un plan destinado a exportar a la comunidad islámica productos con la garantía 'Halal' (con el sello que certifica el cumplimiento de los rituales islámicos) a establecer la confianza entre los musulmanes y el resto del mundo?

¿Qué papel podría jugar 'un comercio renovado' con esos pueblos que dejaron una huella tan profunda en la España de Al Andalus? ¿No es posible hacer un esfuerzo y construir nuevos puentes a través del comercio para forjar la Alianza de Civilizaciones?

Y dicho esto me viene a la mente la política inteligente de los Gobiernos de Beijing y Seúl (antítesis de la que ha venido practicando Washington) que, desplegando una diplomacia internacional pacífica, priorizan una actitud de acercamiento a los países de Oriente Medio y, en general, hacia las naciones del "Tercer Mundo", donde abundan los recursos naturales. Los musulmanes no miran como enemigos a los "dragones asiáticos", y el propio Yasser Arafat, a quien conocí en Beijing, solía hacer frecuentes visitas a China, amiga de la causa palestina.

En Scúl, donde he vivido una década, se han abierto numerosos restaurantes musulmanes que ofrecen comidas "Halal", concretamente en el cosmopolita barrio de Itaewon, donde ya se ha erigido varias mezquitas. Un ejemplo del abrumador del esfuerzo de Corea del Sur por "hacer amigos en la aldea global" -sin discriminación de ningún tipo- es la Universidad Hankuk de Estudios Extranjeros, donde se enseñan más de cuarenta idiomas, incluido el catalán.

En la capital surcoreana nadie mira como a "bichos raros" ni a los musulmanes ni a las musulmanas, aunque la vestimenta de éstas contrasta fuertemente con el "show" de las minifaldas de las coreanas que dan un toque erótico, fresco y atractivo a esta abigarrada ciudad.

Si algo caracteriza a Corea del Sur, es su afán integrador. Durante siglos convivieron en paz budistas, taoístas y confucionistas y ahora, en el alba del siglo XXI, personas de todos los credos y religiones, incluidos los ateos, comparten pan y trabajo en armonía, dando un ejemplo de tolerancia que bien podría servir de medicina a católicos y musulmanes fundamentalistas del Occidente que hablan, muchas veces, a través de la boca de Dios.

China- con la excepción de levantamientos asilados en la región musulmana de Xinjiang, fronteriza con Afganistán- continúa con su política de apertura y globalización emprendida por Deng Xiaoping (El Pequeño Timonel). En numerosas ciudades de "ese continente" proliferan los barrios musulmanes, incluida la antigua capital Xian, punto de partida de la antigua Ruta de la Seda, y Beijing, centro político de esa inmensa nación de 1.300 millones de habitantes y cerca de diez millones de kilómetros cuadrados (veinte veces España) donde ya empiezan a verse en el horizonte los primeros rayos de "la democracia que está fraguándose con cuidada y científica precisión", para evitar el caos que acabó derrumbando a la extinta Unión Soviética.

Dejando esas interrogantes abiertas a la reflexión, voy a referirme al sacrificio de animales en el mundo islámico y a la "Halal", asunto que ahora está de rabiosa actualidad.

A algunos les parecerá curioso o incluso chocante como los musulmanes sacrifican a los animales en los mataderos siguiendo el ritual islámico.

"Por lo que respecta a los corderos, se les cuelga por las patas en la línea (una especie de cadena de montaje giratoria). Justo en el momento en el que dan la vuelta y están orientados hacia la Meca, el matarife (normalmente un musulmán) los sacrifica pronunciando una expresión ritual ("bismillah wa allahu akbar", que quiere decir 'En el nombre de Ala y Él es el más grande'), explica el Dr. Ivan Jiménez-Aybar, uno de mis profesores en el Curso de Experto en Cultura Religión y Civilización Islámicas que realicé en Madrid en 2007.

Y agrega "en el caso de la terneras son introducidas en la denominada 'caja' y, una vez sujetas, se da la vuelta a ésta hasta dejar a los animales con las patas hacia el cielo y con la cabeza mirando a la Meca. Una vez hecho esto, el matarife procede al sacrificio de la misma manera antes relatada".

Hay que tener en cuenta que el sacrificio o "dhabbu" en el Islam consiste en cortar las vías respiratorias, el esófago y la yugular del animal, todo ello procurando, según los preceptos religiosos, causar el menor sufrimiento posible a éste.

Dicho lo anterior, volvamos a la denominación Halal: En febrero de 1.999 la Junta Islámica cordobesa creó el Instituto Halal, con el objetivo de regular y certificar los productos que son aptos para el consumo de los musulmanes en España y para "la exportación de productos españoles al mundo islámico".

Con esta finalidad, se creó la Garantía "Halal", que sirve para identificar aquellos productos que cumplen la normativa de la 'Ley Islámica'. Desde la propia web de esta entidad: www.webislam.com, se puede solicitar al citado Instituto la autorización y el sello que asegura que la mercancía es apta para el consumo de la comunidad islámica.

Además, existe una entidad, "El Club de Empresas Halal", donde se facilita la comercialización de los productos "Halal", tanto en España como en el extranjero.

En España se han dado pasos muy importantes en este sentido y diversos medios de comunicación anunciaron a principios de 2007 que en un futuro cercano se podrán comprar productos con la Garantía Halal en las grandes superficies comerciales españolas, lo que supondrá un gran alivio para el millón de musulmanes residentes en esa nación que no pueden adquirir sus alimentos en las tiendas y supermercados del país europeo.

La Ley Islámica señala que "los productos destinados al consumo de musulmanes deben de estar libres de elementos considerados 'ilícitos' o 'impuros", lo que también se aplica a medicamentos, cosméticos, cremas de uso externo etc, información que estimo de suma importancia para los empresarios que quieran hacer negocios con el mundo musulmán.

Los considerados elementos 'ilícitos' o 'impuros', son: el cerdo y sus derivados, alcohol, sangre, animales de rebaño que no han sido sacrificados según el ritual religioso, animales muertos por causa natural, animales de presa con colmillos, anfibios como ranas etc.

Se exceptúan la leche y sus derivados, pescados, mariscos, miel y todo tipo de vegetales.

A la hora de hacer negocios con los musulmanes, "la confianza" es clave para que haya éxito.

"La confianza, que se verá sellada en la Certificación Halal es imprescindible. Esta se acrecienta en la medida que se conocen y se respetan los principios de la Halal. Si estos principios se desconocen o se transgreden, es muy fácil romper la confianza que los musulmanes ponemos en los productos que compramos y que vienen bajo esta certificación", señala Abdurahman Morales, encargado de la Certificación Halal del Centro Islámico de Chile.

Este consejo fue dado por Morales en una conferencia celebrada en 2005 en Chile con el lema de "Cómo exportar alimentos a los países musulmanes".

Concluyo este apartado señalando que el mercado de "los países árabes es muy importante" no sólo para "crear lazos amistosos, comerciales y de civilización, sino también porque sus tierras albergan las mayores riquezas de petróleo del mundo".

Arabia Saudita, Omán, Kuwait, Bahrein, Qatar, Yemen etc. gozan de un altísimo crecimiento económico. Qatar tiene, desde 2005, la renta per cápita más alta del mundo, unos 40.000 dólares estadounidenses. (Datos sin actualizar).

EL RAMADAN

El Ramadán es una fiesta tan importante para los musulmanes como para los católicos las Navidades o la Semana Santa. Es necesario adelantar que el colectivo de inmigrantes y conversos que vive en España tiene muchas dificultades para practicar ese ayuno como exigen los preceptos religiosos del Islam.

El Ramadán es el Noveno Mes del calendario lunar islámico y puede durar entre 29 y 30 días.

Respecto al Ramadán y al ayuno, el Corán dice lo siguiente:

"Creyentes. Se os ha prescrito el ayuno, al igual que se prescribió a los que os precedieron. Quizás, así temáis a Dios".

Es en el mes de Ramadán, cuando El Corán fue revelado a Mahoma como guía espiritual para que las tribus de Arabia siguieran un comportamiento correcto y tuvieran una sólida escala de valores distinguiendo, como precepto esencial, entre el bien y el mal.

El ayuno dura desde el alba hasta la puesta de Sol. Durante el día no se permite comer, ni beber, ni mantener actividad sexual alguna.

"Las mujeres que estén en su periodo menstrual o que no se hayan recuperado aún del parto retrasan el ayuno hasta que hubieran remitido tales circunstancias especiales. Además, quienes estén enfermos o de viaje pueden optar por posponer su ayuno", explica el islamista Pedro José Bilal.

Bilal agrega que "el ayuno se rompe justo tras la puesta de sol después de lo cual se toman generalmente dátiles, agua y zumos".

Algunos se quejan, y con razón- ya que lo pude comprobar en El Cairo- de que "muchos musulmanes aprovechan la puesta de Sol para darse un auténtico banquete, con lo que se malogra la idea original del ayuno purificador".

"Muchos se dan un banquete pantacruélico", me comentó en una ocasión Adrián Rodríguez Junco, ex director del Centro Cultural Hispánico de El Cairo (donde trabajé como profesor a finales de la década de los setenta).

Con todo, el Ramadán es una época de recogimiento y de introspección en la que los musulmanes intentar reconducir su vida y vivir según los preceptos religiosos del Islam.

Iván Jiménez-Aybar señala que el Ramadán tiene también un aspecto festivo muy importante para los musulmanes y agrega que esta práctica "permite mantener vivo el vínculo con la cultura y la sociedad de origen, más allá de su significación religiosa".

Es durante este mes cuando los musulmanes tienen también la ocasión de escuchar el Corán completo. Después de romper el ayuno, tiene lugar la Oración Nocturna Especial. Los musulmanes se congregan en una mezquita y esperan a que dirija la oración un Recitador del Corán, alguien que haya memorizado el Libro entero. Cada noche se recita en orden un parte del Corán y se termina de recitar todo el Corán antes del final del Ramadán.

Ese mes los musulmanes tienden a portarse mejor y a ser generosos. Se debe dar comida, ropa y dinero a los pobres, tal y como predicaba Mahoma.

La donación de la limosna es considerada por los musulmanes un hecho purificador que les libera de su egoísmo y apego al dinero. Muchos musulmanes creen que, ayudando a los pobres en ese mes, están agradando a Dios y que Éste, les recompensará por acordarse de los más desfavorecidos.

El día final del ayuno, la gente se baña o se ducha por la mañana temprano, desayuna, se pone su mejor ropa, se rocía con perfume y se dirige al lugar donde se congregan los feligreses para exclamar: "Dios es Grande, no hay más Dios que Dios, y sólo Dios merece toda alabanza". Esta práctica se realiza desde tiempos de Mahoma. Era costumbre del Profeta reunir a la comunidad para la oración del Final del Ayuno a cielo descubierto.

Siguiendo esa tradición, se aconseja a los musulmanes hacer las oraciones del final del ayuno al aire libre, pero sólo si viven en países cálidos. Si el clima no lo permite, se pueden realizar los rituales en lugares cerrados.

Al final del sermón del imán, la gente muestra su agradecimiento a Dios, se saluda, se abraza y se felicitan los unos a los otros por haber concluido felizmente el Ramadán.

Todas esas prácticas se realizan sin ningún problema en el mundo islámico, incluso las autoridades realizan un esfuerzo extraordinario para que los creyentes cumplan de forma esmerada con sus obligaciones religiosas. Sin embargo, en los países laicos los musulmanes afrontan grandes dificultades e incluso incomprensión para realizar el Ramadán.

Estas dificultades son más acentuadas en Europa que en Asia, ya que en el viejo continente se ve con malos ojos, o incluso no se tolera, que un musulmán deje unos minutos su trabajo para realizar sus oraciones. En Asia, como he dicho antes, son más flexibles. He comprobado en la Radio Televisión Coreana (KBS World Radio), como los periodistas musulmanes se retiran con sus esteras a un lugar apartado y rezan a Alá en dirección a La Meca, sin que nadie muestre extrañeza, en las horas de los rezos.

Los musulmanes que viven en España afrontan multitud de problemas para practicar sus creencias. Y, esto se nota, especialmente, en las festividades islámicas de las que apenas han oído hablar los habitantes de ese país de Europa que durante ocho siglos convivió con aquella brillante civilización.

Respecto a la oración de los viernes, la más importante de los musulmanes, hay un principio de acuerdo de cooperación entre la UE y las Comunidades Islámicas, para que se permita a los creyentes realizar sus rezos desde las 13:30 hasta las 16:30, pero muchos países, entre ellos Francia, están viviendo en los últimos años un movimiento reaccionario contra la "tolerancia religiosa", lo que se está acentuando por momentos con la crisis económica y "la limpieza de las razas" que "quitan puestos de trabajo a los europeos".

La emigración producida por la debacle económica y la marginación de la que sufren los musulmanes en muchas partes del mundo, ha provocado y sigue provocando episodios que hacen temer, en algunos casos, una nueva "caza de brujas".

Cuando me encontraba en Madrid, después de dejar mi puesto de Delegado de la Agencia EFE en China, se produjeron en Francia, el 27 de octubre de 2005, una ola de incendios y disturbios que fue considerada una grave revuelta de los musulmanes que vivían en los suburbios más pobres del París, por el entonces ministro del Interior, Nicolás Sarkozy.

En declaraciones que reprodujo la prensa española, Sarkozy amenazó con que "había que limpiar los suburbios a manguerazos" y se quejó de "la regulación de emigrantes" que había hecho el gobierno español del presidente Rodríguez Zapatero quien, como hemos dicho, propuso con su colega turco la muchas veces criticada Alianza de Civilizaciones.

Yo, para resumir aquellos hechos, resalté en un libro de relatos publicado por aquel entonces[4], que "La belleza de la luna del mundo islámico había entrado en colisión con el prepotente Sol de Occidente y que una nueva página se estaba abriendo en la Historia".

¿Realmente la Media Luna y el Sol han entrado en colisión y hay que esperar a que ocurra lo peor? O, como decían los antiguos egipcios "El Sol y la Luna son igual de importantes. Son los dos ojos del Halcón Horus que extiende sus alas en el firmamento. ¿Reconoceremos algún día que un astro ilumina el día y el otro la noche y que ambos son imprescindibles en este planeta cada vez más pequeño y menos azul?

[4] "El Regreso de Merlin y otros relatos"..."Nassir el Sirio" (Ed. VNet). Reseña publicada en "El Diario Montañés" el 6 de diciembre de 2007. (N. del A.)

EL MATRIMONIO ISLAMICO

Este es uno de los asuntos más polémicos que rigen las relaciones entre los musulmanes y musulmanas y no voy a ser yo quien defienda "ese anacrónico contrato" que tantas penalidades, daños y discriminaciones ha causado a las mujeres y a las niñas de gran parte del mundo.

Sin embargo, creo necesario advertir de que la idea predominante de las feministas musulmanas cultas es que "hay que combatir la discriminación de la mujer tanto en el matrimonio, como en el ámbito laboral y en muchos aspectos de la vida, en el contexto del Islam, para lograr el éxito y conseguir la plena igualdad. No copiando los modelos occidentales."

¿Es posible un acuerdo en materia de los derechos de la mujer entre Occidente y el Islam? ¿Qué puntos de partida debemos tener en cuenta y cuál debe ser el objetivo final?

Respecto a lo primero, es necesario reconocer la identidad y diferencia del otro. Tenemos que liberarnos de prejuicios y estereotipos. "Tenemos que amar a la mujer musulmana, como podemos acercarnos a la mujer china, vietnamita o peruana 'pero desde la perspectiva de la comprensión'. Es necesario un esfuerzo intelectual para penetrar en su cultura y rescatar (que siempre los hay) "los elementos integradores que, grano a grano, hacen montaña".

Respecto a lo segundo, no hay ninguna duda: el objetivo final debe ser la conquista de la igualdad plena y total del hombre y la mujer y aquí hablo en claves universales.

Confucio (siglo VII-VI a.d.C) uno de los filósofos más admirados de China decía, entre otras cosas: que la mujer debe obedecer al padre y si éste fallece, a su hermano mayor. Después de casarse, debía someterse a su marido. Se atribuye metafóricamente a Confucio la frase de que "la mujer debe caminar tres pasos detrás de su marido para no pisar su sombra".

Cuando en 1949, Mao proclama en la Plaza de Tiannamen la creación de la República Popular de China y grita la famosa frase "pueblo chino, levántate" miles de mujeres aprovecharon aquella fiesta revolucionaria para alzar su voz y proclamar con odio

permanecer en el domicilio conyugal, mantiene el derecho a recibir alimentos, 'nafaqa', y no puede contraer nuevo matrimonio. La finalidad primordial del retiro legal es asegurar el origen de la paternidad en caso de embarazo.

El matrimonio islámico se disuelve de tres modos, a parte de los supuestos de fallecimiento o nulidad total o relativa: el repudio unilateral y extrajudicial o 'talak', el repudio consensuado mediante compensación 'hul' y la disolución judicial 'traficat'.

Por no alargarnos, vamos a centrarnos en el primero que es el que más polémicas levanta respecto a la posición de la mujer.

Existen dos tipos de repudio: el revocable y el irrevocable. Sólo el repudio que se ha pronunciado tres veces (existen variedad de formas rituales, según el país) produce la disolución irrevocable del matrimonio Tal prescripción se apoya en el siguiente pasaje coránico: "el repudio se permite dos veces. Entonces, o se retiene a la mujer tratándola como se debe, o se la deja marchar de buena manera" (2, 229).

Hay que subrayar que en caso de divorcio la mujer conserva su dote y todos aquellos bienes que la correspondan, ya sean ganancias propias, herencias etc.

En el repudio revocable, una vez que se ha pronunciado la sentencia de turno, la mujer entra en el periodo de continencia 'Idda', manteniendo el derecho a la 'nefaqa'. Mientras dura este periodo, el marido puede retractarse y reanudar la vida conyugal.

En cuando a las bodas musulmanas en España, hay que señalar que en el Artículo 7º del Acuerdo de Cooperación se regula su inscripción en el Registro Civil, siempre y cuando, los contrayentes deseen que el matrimonio que han contraído según los ritos de su religión, tenga efectos civiles, lo que quedará reflejado, por tanto, en dicho texto legal.

LOS ENTIERROS

Para concluir, diré que el tema de los enterramientos de los musulmanes en España y en el mundo no musulmán todavía está sin resolver. Los musulmanes deben ser enterrados envueltos en una tela delgada de algodón "kafan" (generalmente blanca), sin féretro alguno, para estar en contacto con la tierra y su cuerpo debe estar tumbado sobre su costado derecho y con el pecho y la cara en dirección a la Meca.

Las leyes sanitarias españolas prohíben esta práctica, ya que consideran imprescindible el uso féretro para evitar la propagación de enfermedades.

En este sentido J. Bonet Navarro, y lo cito por su enorme interés, dice "que algunos musulmanes residentes en Valencia le han asegurado que, ante la imposibilidad de realizar allí los enterramientos tal como prescribe la normativa islámica, es corriente enviar los cuerpos a Murcia, donde siempre, según aquellos, se permite enterrarlos sin ataúd".

Al respecto, Bonet apunta que esa actuación municipal -que implicaría hacer caso omiso a la normativa sanitaria- podría deberse a que en el enterramiento musulmán, en dichas circunstancias, tal vez se esté utilizando una especie de ataúd lleno de tierra. Este procedimiento se aproximaría a la exigencia religiosa, pues el cuerpo del difunto, al menos, "está en contacto con la tierra, y al mismo tiempo, no se conculca la legislación sanitaria".

Sería interesante que "los sabios del Islam" estudiaran la posibilidad de que los musulmanes que viven en el extranjero puedan ser enterrados en féretros llenos de tierra o buscaran fórmulas mixtas que estén en línea con sus rituales religiosos y se acoplen a la normativa de los países de acogida.

Aquí de nuevo, hay que insistir en las palabras "tolerancia y flexibilidad", ya que pequeños giros en el mentalidad de una y otra parte, irían tejiendo una red de simpatías que irían apagando, como gotas de agua fresca, el fuego de la desconfianza y la incomprensión entre dos civilizaciones que, juntas, podrían reconstruir al Halcón Horus, cuyos ojos brillan de día y de noche. Al final, los muertos callan y, bajo tierra, nadie ha visto ondear banderas.

CAPITULO CUARTO

La incógnita de la mujer musulmana

La actual desigualdad de la mujer frente al hombre en el mundo musulmán supone un reto sin precedentes para el Islam, ya que este polémico asunto cuestiona azoras importantes del Corán, libro inspirado en las palabras y consejos del Profeta.[5]

En la construcción de la aldea global, los problemas son o acabarán siendo universales. Cada vez es más difícil mantener a un pueblo o región fuera del mundo y "blindarlo" con leyes únicas y "cuasi divinas" (el ejemplo más hiriente de todos es Corea del Norte), de espaldas a la corriente de los tiempos. Se palpa un avance a escala planetaria de ideas basadas en la democracia, justicia, libertad y respeto a los Derechos Humanos.

"La mujer es la mitad del Cielo", dice un antiguo proverbio chino que han vuelto a recuperar las mujeres cultas de ese milenario país, cuyas féminas -como ya recordé antes en un dicho atribuido a Confucio- "debían caminar tres pasos detrás de su marido para no pisar su sombra".

Los medios de comunicación, los viajes, lo teléfonos celulares, la música, "el nuevo comercio de ideas" etc., están provocando, sin duda, un cambio en la mentalidad de la mujer musulmana que – a medida que se vaya aceptando la igualdad de todos y todas- acabará rebelándose contra su exclusión social, cultural, política y religiosa.

Todos hemos oído hablar, como si se tratara de un capítulo de las Mil y Una Noches, del Paraíso de los musulmanes, lugar donde los creyentes "puros de corazón" disfrutan de infinidad de placeres -contradictoriamente terrenales- y gozan eternamente de la compañía de las huríes, hermosísimas mujeres de cabellos dorados y ojos verdes y azules. Que yo sepa, no hay ningún texto

[5] "¡Amonestad a aquellas que se rebelen, dejadlas solas en el lecho, pegadles! Si os obedecen no nos metáis más con ellas. Dios es excelso, grande (4,34). En estos versículos del Corán han encontrado los radicales islamistas inspiración para la corrección de la mujer.

sagrado que hable de una recompensa similar para la mujer de ese credo religioso.

A veces pienso que hay dos realidades en el mundo musulmán: la que vemos con los ojos, la más fácil, y, la otra, la que se oculta bajo el velo, y que es la que más sorpresas va a provocar en este siglo.

En calidad de estudioso del Islam y huésped de países como Egipto, tuve la ocasión (a finales de la década de los setenta) de aprender árabe clásico y enseñar lengua y literatura española a los egipcios y a las egipcias en el Centro Cultural Hispánico de El Cairo, como ya he explicado con anterioridad.

Viajé varios años por ese maravilloso país del que guardo hermosos recuerdos. Allí hice muchos amigos egipcios: diplomáticos, intelectuales, poetas, actores, escritores, periodistas, arqueólogos etc. También conocí a mujeres fascinantes, como una chica que hacia de modelo con gasas transparentes para un pintor. Otra que no se había puesto un velo en la vida y que llevaba minifalda. Y otra que me pidió que la diera un masaje en el desierto antes de desnudarse.

En aquella época era normal el consumo de cerveza en las terrazas de las cafeterías de El Cairo, cenar con una botella de vino en restaurantes árabes o de corte occidental o tomar whisky u otras bebidas alcohólicas cuando se iba a algún club nocturno o a disfrutar de la danza del vientre, donde conocidas artistas hacían las delicias del público.

Como estaba becado por el ministerio egipcio de Exteriores, solía hacer excursiones por todo el país, en tren o autobús, con otros extranjeros y nativos. Recuerdo que las estudiantes egipcias que nos acompañaban eran de mentalidad abierta, tenían una gran curiosidad por Occidente y su cultura, vestían de manera informal –normalmente pantalones vaqueros- y hablaban con admiración de su nación, a la que definían como la vanguardia del mundo árabe. Entre esos grupos de muchachas "el velo" era algo desconocido, propio de los "centros o universidades religiosas" donde faltaba el oxígeno.

Así era El Cairo que conocí pocos años antes de producirse el asesinato del presidente Anwar el-Sadat (durante un desfile militar) por un comando de 'Los Hermanos Musulmanes' en octubre de 1981. Ese magnicidio, el primero ejecutado por la *Yihad Islámica,* fue presenciado a pocos metros por un amigo mío arqueólogo y periodista, Elias Al Hayali, originario de Alejandría, que en aquel entonces trabajaba para la Televisión Japonesa y actualmente vive en España.

Con el asesinato de Sadat, por haberse atrevido a firmar (el 17 de septiembre de 1978) los Acuerdos de Camp David con el premier ministro israelí Menachem Begin, *los Hermanos Musulmanes* metieron un miedo atroz en el país. Egipto vivió una época de involución social (costumbres, actitudes, libertades, ideas etc.). Nadie oculta ya que ese grupo fundamentalista tiene como objetivo derrocar al Gobierno de El Cairo actualmente presidido por Hosni Mubarak e instaurar un régimen islamista.

****

Conocí a los saharauis pocos meses antes de 'La Marcha Verde', bufonada orquestada por Hassan II de Marruecos, que aprovechó la agonía del régimen franquista para "invadir pacíficamente" con 350.000 marroquíes, incluidos 24.000 soldados, el Sáhara Occidental, territorio de 266.000 kilómetros cuadrados, rico en pesca y fosfatos.

Aún guardo en la memoria la frescura de aquellos chicos y chicas saharauis que se amaban con inocente libertad en sus 'jaimas' [6] del desierto y me invitaban con su milenaria generosidad a tomar té y dátiles.

Con aquella esperpéntica movilización, el 6 de noviembre de 1975 más de cien mil saharauis conocieron el destierro, el abandono y la desesperación y, lo peor de todo, perdieron su ansiado y largo sueño de fundar una República Saharaui independiente y laica basada en la democracia y en el respecto a los Derechos Humanos.

---

[6] Tiendas en las que viven los nómadas

Ese pueblo, que ya ronda los 200.000 habitantes, vive ahora en el campo de refugiados de Tinduf, zona árida de Argelia conocida como el "*Desierto de los desiertos*".

En los últimos años he vuelto a Egipto, Marruecos, Jordania, Túnez etc. y he mantenido un fluido diálogo con amigos de esos países. Por ejemplo Nassir (no desea que se cite su apellido) me informó en la primavera del 2006 de que en Siria ya había más de millón y medio de refugiados iraquíes y de que "en los barrios cristianos de Damasco, l*as chicas llevan el ombligo al descubierto, como las occidentales, y no pasa nada*". (Posiblemente todo esto esté cambiando con la actual guerra en Siria).

Pero… si pasa algo, la situación de las mujeres en el mundo árabe es muy dura y clama al cielo (con la excepción de las hijas de papá con mentalidad abierta que son criadas con todos los caprichos en colegios y universidades occidentales y una minoría privilegiada). En la aldea global del futuro no puede haber mujeres libres y sometidas. La humanidad ha pagado muy caro las conquistas que la han liberado de la opresión de gobernantes iluminados o totalitarios.

******

Entre los movimientos de liberación y modernización que hubo en la segunda mitad del siglo pasado, destacan las políticas progresistas del Sha de Persia (Irán) que, si no hubiera sido por la megalomanía y corrupción generalizada de su régimen, podría haber contagiado, por efecto dominó, las reformas laicas a otros países del entorno.

La escritora Fariba Adelkhah hizo un excelente retrato de lo que ocurrió en esa época en su obra "La Revolución Bajo el Velo", en la que analiza los intentos de "modernización autoritaria del Shah" que en su día escandalizaron al mundo musulmán.

Para Fariba, considerada un referente clave en cuanto a la situación de la mujer en el mundo musulmán, en los tiempos actuales no son válidos -ya que llevarían inevitablemente al fracaso- ni los modelos del Shah (modernización al estilo occidental) ni la clonación del régimen radical islamista de Jomeini.

Las medidas adoptadas para liberar a la mujer por el régimen de los Pahlavi, partieron en dos a la sociedad iraní. Una parte de la población (generalmente los más desprotegidos) consideró los cambios un sacrilegio contra el Islam. Otra, que acabó con el tiempo optando por el silencio o el exilio, vio en "la luz del Sha" un horizonte de esperanzas, que se quebró con la llegada de *la Revolución jomeinista.*

El programa de Mohammad Reza Shah (fallecido en su exilio de EL Cairo en 1980) era, según los expertos, mucho más realista que el de su padre, Reza Shah Pahlevi (1925-1941), simpatizante de los nazis que fue obligado a abdicar por Gran Bretaña y la Unión Soviética.

Este último se proponía resucitar y glorificar los logros y hazañas de La Gran civilización Persa. Es decir: quería devolver la dignidad y orgullo a su pueblo dirigiendo los ojos hacia un pasado que merecía la pena ser recordado y ensalzado, y resaltar lo que el filósofo alemán F. Nietzsche denominó "Historia Monumental" en su genial ensayo "La utilidad y los inconvenientes de los estudios históricos para la vida (1.874)."

Entre 1935 y 1936, Shah Pahlevi lanzó una campaña para prohibir a las mujeres que llevaran el velo en público, lo que desató la furia de los imanes y de las capas mas religiosas de la sociedad que, aferradas "al opio del pueblo", consideraron las innovaciones del nuevo emperador como una provocación del diablo y una "ofensa a los principios impolutos del Islam".

La sociedad iraní chocó y se dividió, como ha vuelto a ocurrir recientemente en las elecciones celebradas en junio de 2009, en las que cientos de miles de personas salieron a las calles en defensa del reformista y líder de la oposición, Mir Hosein Musavi, al considerar que hubo fraude en los comicios que ratificaron en el poder al inmovilista Mahmud Almadineyad.

(En esas masivas manifestaciones se echó en falta una mayor presencia de la mujer –recluida en casa u observando desde las azoteas- ya que a juicio de los musulmanes extremistas "todavía no ha cumplido la mayoría de edad")

Volvamos al Shah Pahlevi. Poco antes de imponer su política destinada a "hermanar a las mujeres iraníes con sus compañeras de las naciones avanzadas", la propia Reina se quitó el velo en la gran mezquita de la ciudad sagrada de Qom durante una ceremonia pública celebrada el 21 de marzo de 1928, gesto con el que quiso anunciar el comienzo de una nueva era.

A consecuencia de "ese acto de insumisión al Islam", el responsable religioso de turno, 'el moytayed', movilizó "in situ" a una gran muchedumbre para protestar por el "grave pecado" cometido por la excelsa dama. Al final se ordenó la intervención del ejército, que dispersó sin contemplaciones a la multitud, se detuvo a varios manifestantes y se ejecutó al cabecilla de la revuelta.

Con ese intento de "desnudar el rostro de las mujeres" se había tomado el pulso al pueblo en el santuario de Qom y se había comprobado, una vez más, que los imanes ejercían una gran influencia sobre la plebe, que fue utilizada como fuerza de choque para frenar "las reformas occidentales, impuestas a golpe de decretos monárquicos".

Sin embargo, el Shah no mostró signos de debilidad a pesar del clamor de las mezquitas. A principios de 1936, ocho años después del suceso de Qom, su esposa e hijas volvieron a aparecer en público sin velo. Con ese gesto, la casa imperial no sólo quería mostrar que la reina y las princesas eran mujeres libres y avanzadas: se invitaba a la población femenina de Irán a imitar su estilo de vida, ya que estaba en juego "la involución o el rescate de la Gran Persia".

Al año siguiente, el 7 de enero de 1937 se declaró "el Día de las Mujeres", y a partir de entonces se conminó a éstas a despojarse del velo en lugares públicos, lo que fue aceptado con entusiasmo por la nobleza, la burguesía, la elite culta progresista y las vanguardias que temían quedar marginadas de los avances de los que disfrutaba occidente.

En 1938 se '*produce una nueva revolución*' y se permite a las mujeres ingresar en la Universidad. En las aulas pueden estudiar -por primera vez- hombres y mujeres juntos. Esos desafíos del Sha escandalizan a los imanes, convencidos de que se había abierto la caja de Pandora y de que el resultado sería la ruina y la degradación moral al país.

Durante el reinado de Reza Shah Pahlevi, que llegó a convertirse en una pesadilla para los ideólogos del Islam, las mujeres empezaron a ocupar cargos públicos de responsabilidad, los iraníes sueñan con estudiar en occidente y "los defensores de la oxidada moral religiosa, denunciaron que se estaba fomentando un lamentable ambiente de libertinaje" que chocaba frontalmente con las palabras del Profeta y sus seguidores.

Dentro de esos cambios sociales provocados por el trono y la clase dirigente, es decir, en vertical y de arriba abajo, muchos iraníes comienzan a mirar con admiración hacia Europa e imitan las costumbres y las modas que se imponen en el viejo continente. (Algo parecido ocurre ahora en muchas regiones del mundo-especialmente asiáticas- que han establecido una relación enfermiza de amor-odio con Estados Unidos, la Roma del siglo XX).

Mientras las clases adineradas de la capital, las vanguardias, artistas y los "occidentalizados", consideran las reformas de Reza Pahlevi como la panacea a todos los problemas, en las zonas rurales, donde habitan desde tiempos inmemoriales "los sin futuro", cuyo único horizonte es el paraíso, se siente el temor a Dios que destilan las mezquitas, lo que acabará provocando "un choque brutal e inevitable entre modernidad y tradición",

Mohammad Reza Sha, hijo y heredero del hombre que quiso rescatar a la Gran Persia, prosigue la tarea de su padre e intenta "meter a Irán en la modernidad" con la ayuda y el apoyo de Estados Unidos que miraba con buenos ojos a "un aliado laico y liberal" en la región y temía la implantación de una teocracia feudal en Irán.

En esa época se producen una serie de cambios que mejoran el estatus de la mujer iraní hasta niveles desconocidos hasta ese momento:

- El 27 de enero de 1963, se concede a las mujeres el derecho al voto.

- En junio de 1967 se promulga la Ley de Protección de la Familia. Con esta legislación se regulariza la poligamia (con el acuerdo previo de la mujer). También se permite a las iraníes solicitar el divorcio y se fija la edad mínima para el matrimonio (18 años para ellos, 15 para ellas).

- Se adoptan una serie de medidas para eliminar la discriminación en el empleo. La mujer puede ocupar altos cargos públicos e incluso desempeñar funciones jurídicas ´-lo que se consideró un paso de gigante en las conquistas sociales del país- e ingresar en las instituciones del Estado, incluyendo el Ejército y la Policía.

- En cuanto a la enseñanza, la lucha contra el analfabetismo se convirtió en una de las prioridades más importantes del régimen. Mientras que en 1959 sólo el 8 por ciento de las niñas de más de siete años estaba escolarizado, ese porcentaje llegó al 26 por ciento en 1971, alcanzando hasta el 40 por ciento en las ciudades.

- Respecto a la Libertad de Prensa, se fundan dos revistas femeninas marcadas por un espíritu "abierto y modernizador": *'Zan-*e *Ruz (Mujeres de Hoy)* que, con una tirada de 80.000 ejemplares semanales, se convirtió en el semanario más popular e importante de la época Pahlevi. El otro era *'Ettela' at-e Banayan (Informaciones de las Señoras)* con una tirada de 30.000 ejemplares.

Los dos seminarios tenían secciones comunes: belleza y estética, diseño y moda (occidental). Ambos dedicaban espacios (a los asuntos amorosos) en los que se enseñaba el arte de la seducción, dando "fórmulas pícaras, eróticas y mágicas" a las chicas para conquistaran a sus compañeros o a "su amor platónico", según se puede ver en los ejemplares que guardan los coleccionistas y que no fueron quemados por los Guardianes de la Revolución.

.

En aquella época alcanza una gran popularidad una telenovela que refleja claramente 'un Irán dividido" entre **los partidarios de 'entrar en la modernidad' y los defensores al ultranza de 'los eternos valores del Islám'.** La serie- como reconoce Fariba- fue considerada como un auténtico fenómeno social. El culebrón, titulado "Morad el electricista", se emitió todas las semanas durante cerca un año (1973-1974).

En dicha telenovela se retrataba la vida de varias familias que, aunque estaban obligadas a convivir, tenían ideas y costumbres diametralmente opuestas. En la serie también se describían los fuertes contrastes entre el campo y la ciudad, y los anhelos de los agricultores que soñaban con emigrar a la capital, La historia tuvo un éxito masivo de público. En ella desfilaba una auténtica galería de personajes: chicas que se maquillaban y salían por las noches, "la movida de Teherán", madres que habían tirado el velo por la ventana y las encantaba vestir como a sus hijas etc.

La otra cara de la serie, estaba representada por personas pegadas a la tradición y el toque femenino, por "muchachas jóvenes piadosas" cargadas de ideales y pureza que se apartaban del "diabólico libertinaje". Morad el electricista se enamora de una de "estas santas", Mahbubeh, y la pareja sirve de contrapunto a los productores del culebrón para hacer una crítica -lo que también se hacía necesario- "al paraíso occidental, jalonado por el materialismo, egoísmo e individualismo".

****

Mientras las clases acomodadas acogen cada vez con más entusiasmo la revolución de la mujer iraní, los más desfavorecidos ven con más claridad el abismo que les separa de los "ricos y poderosos" que, no sólo hacen ostentación de su vida privilegiada (fiestas, coches y casas lujosas etc.) sino que muestran un creciente desprecio por "las masas atrasadas y analfabetas". Esto, unido a la corrupción rampante, los pecados contra El Corán y "la degradación de la moral", da alas a los imanes que ven la ocasión de oro para acabar con los sueños de grandeza del "emperador persa".

En ese escenario de burbujas de champagne sobre el volcán, "las tribus occidentalizadas pierden su identidad" y comienzan a comportarse como la juventud rebelde de occidente. Son frecuentes las fiestas privadas y los guateques, y las discusiones con los padres y mayores, a los que se les empieza a poner la etiqueta de anticuados. El cine norteamericano, con actores como James Dean a la cabeza, grupos musicales como "The Beatles" y su canción "All You Need is Love", el movimiento hippie etc, contribuyen a esa ruptura "con el pasado cavernario". .

Todas esas oleadas de modernidad orquestadas por un Sha rodeado de un lujo insultante, unidas al cada vez más insoportable tufo de la corrupción, acaban precipitando la caída del Rey de Reyes y el advenimiento de la Era Jomeini, quien sería recibido en Teherán como un enviado del Profeta.

******

A raíz de la revolución del Ayatollah Jomeini, quien dirigió el levantamiento que llevó al derrocamiento del Shah Reza Pahlevi el 16 de enero de 1979, "las mujeres fueron las primeras en enfrentarse a un intento de islamización basada en la cuestión del 'hiyab' (el velo) que acabaría siendo algo obsesivo", dice Fariba.

Hubo depuraciones masivas para que la mujer volviera a ponerse el velo islámico "hiyab" y muchas mujeres que trabajaban en oficinas del Estado dejaron sus puestos en rechazo a "esa imposición represiva". La revolución de Jomeini alcanzó a todos y a todo. No sólo se obligaba a las mujeres a cubrirse con el "hiyab" sino que se prohibieron muchas prendas, incluyendo ropa interior, que no eran del agrado de los clérigos. Se atacó e insultó a las mujeres que seguían llevando medias de colores y transparentes, y sólo se las autorizó el uso de medias gruesas que ocultaran totalmente la piel.

También los imanes y nuevos educadores de la nación hicieron una lista de los colores de ropa más adecuados para las mujeres:

estos debían de ser "puros, apagados, sobrios o elegantes" y se defendía, con el Corán en mano, el uso del negro, azul marino, marrón, beige y gris.

Consignas como "el velo o el palo" (rusari ya tusari) expresan las graves tensiones de la época. Esa frase, que apareció en numerosas pintadas realizadas por los extremistas en los barrios de Teherán, ciudades y aldeas del país, hablan por sí mismas.

La "revolución administrativa" de 1980, impulsada por el Imán, aceleró ese proceso, cuya finalidad era acabar con los vestigios del régimen anterior y depurar a la Administración del gremio de los 'taquti' (es decir, afectos al antiguo régimen). Toda mujer que quisiera conservar su puesto de trabajo tenía que seguir a rajatabla los principios del Islam y someterse a las legiones que siguieron a Jomeini.

Miles de inscripciones murales de la época advierten a la mujer iraní de lo que la espera si se atreve a salir sin velo. Esta era una de las más frecuentes: **Abajo la mujer sin 'hiyab,' 'el velo o el palo'"**. En las tiendas, oficinas, restaurantes, cines, comercios, ministerios, bancos etc. hay carteles como estos: **"La entrada de mujeres sin 'hiyab' islámico está estrictamente prohibida", "El paso de las mujeres sin 'hiyab' está rigurosamente prohibido", "Ist bi-hiyab" (Paren a las que no llevan 'hiyab'".**

Organizaciones islámicas como "El Hezbollah", "los Basiyi" y "los Pasdar" siembran de eslóganes parecidos los barrios, los alrededores de las mezquitas y las ciudades: "**¿Por qué vas desnuda (o'ryan)** –alusión a que no llevan el velo- **como el animal?" "¿Qué pretenden las que salen de casa sin el 'hiyab', si no exhibir su cuerpo?", "Estar sin 'hiyab' es la máxima esclavitud intelectual de la mujer", "El hombre cuya esposa no lleve 'hiyab' no tiene honor" etc.**

Durante mucho tiempo las patrullas de los Guardianes de la Revolución Islámica, denominadas 'sar Allah' (venganza de Dios), tuvieron luz verde para detener a cualquier persona sospechosa de relajación en las normas islámicas.

La mujer debía ser un modelo como "madre, musulmana y militante", según las nuevas consignas del Islam, y, someterse, sin titubeos, a la voluntad de Dios.

En la Constitución de la República Islámica de noviembre de 1979 "se favorece a las mujeres (dice el texto) porque estaban sometidas a una represión más fuerte por parte del '**taqut**' (literalmente '**el falso Dios**', es decir, el antiguo régimen)".

Se derogan leyes de familia anteriores de "influencia extranjera" por ser contrarias a la Sharia. Las relaciones extramatrimoniales se consideraban también como una importación envenenada de occidente.

(Es necesario subrayar que el adulterio en su forma más estricta se castiga con extrema dureza en el mundo islámico. Los hadices señalan que "los solteros deberán ser castigados con cien latigazos y un año de exilio. Mientras que los casados 'con cien latigazos y el apedreamiento"),

Hoy día son pocos los tribunales que aplican este castigo porque un imperativo del Corán establece que "**tiene que haber al menos cuatro testigos piadosos de la comisión del acto sexual y la confesión sólo es válida si se realiza sin ningún tipo de presión**".

En un hadiz se refleja el espíritu de la Sharia en el Profeta: **"Evita el castigo mientras puedas evitarlo"** y en otro dice: **"Evita el castigo de los musulmanes si está en tu poder. Si hay otra salida para dejarlo libre, déjalo, ya que si el imán se equivoca al perdonar es mejor que si se equivoca al castigar").**

****

A pesar de las tendencias a suavizar los castigos por adulterio, en algunos lugares la norma se aplica a rajatabla. La prensa internacional frecuentemente se hace eco de noticias como esta:

Dos hombres y una mujer son lapidados en Pakistán acusados de adulterio:

Las tres víctimas fueron atadas a un árbol y apedreadas. Luego dos miembros del grupo islamista 'Lashkar-e-Islam',

dirigidos por el líder religioso local, Mangal Bagh, les mataron con su kalachnikov.

Las ejecuciones tuvieron lugar ante unas 800 personas en la región de Bara, en el distrito tribal de Khyber, fronterizo con Afganistán.

La Administración local no intervino". *(Diario El Mundo, 15/03/07*).

****

Con Jomeini, como ya hemos adelantado, se inicia una campaña de islamización que llega a todos los rincones de la sociedad iraní y que poco a poco barre, "**por considerarse degeneradas",** las medidas adoptadas por la dinastía de los Pahlevi para occidentalizar el país.

Mientras las mujeres de las clases cultas o privilegiadas ven el fin del mundo con el recorte de las libertades, una mayoría acepta '**con pasión revolucionaria**' las formas de vida impuestas por el Imán, según se deduce de numerosas entrevistas realizadas por Fariba en sus trabajos de campo en Irán.

Tras la caída de los Pahlevi, considerados por los islamistas opresores, corruptos, traidores y despóticos, **"se inicia una lucha entre Habil y Qabil[7]. Es decir: el combate de un hombre creyente y piadoso (Habil) contra un profano materialista (Qabil), quien representa, según el doctor Shariati (cita de 1981), la aparición de sistemas de producción de propiedad privada, las clases sociales, la segregación y la explotación".**

La campaña religiosa llegó muy pronto, como en todas las revoluciones, a los textos escolares:"**en las ilustraciones aparecieron las mujeres con vestido islámico, y la hagiografía del periodo Pahlevi desapareció de los libros de historia**. Debido a los enfrentamientos que todavía había entre los que

[7] Habil: personaje coránico que representa el hombre ideal, es decir, un creyente que posee sentido del sacrificio y es amante de la paz. Es lo contrario de Qabil, hombre vicioso, descreído, usurpador y materialista.

reclamaban mayores cuotas de libertad y los islamistas **"la universidad permaneció cerrada dos años y medio".**

Los episodios históricos que se vivieron en Irán y que acabaron produciendo corrientes excluyentes y enfrentamientos -que dejaron una huella profunda en ese pueblo- nos invita a recapacitar sobre algo que no dejan de repetir los arabistas: **La revolución femenina en el mundo musulmán hay que hacerla dentro del Islam y no se pueden imponer a la fuerza los valores occidentales**.

Concluimos este capítulo con la célebre frase de "un sabio" musulmán iraní que refleja a la perfección una mentalidad teocrática y feudal que sin duda las mujeres cultas y valientes del mundo musulmán combatirán hasta e final:

"El hombre ha sido creado para conquistar el mundo, y la mujer para conquistar al hombre", dijo en un momento de euforia el preclaro Motahhari.

CAPITULO QUINTO

Nuevos Césares y Peligroso Diablos

En esta parte pretendo desgranar algunos de los aspectos claves que están propiciando un enfrentamiento histórico entre los nuevos Césares (los líderes de las grandes potencias occidentales) y los "Diablos" (los dirigentes musulmanes que se niegan a seguir sus consignas). Los primeros, "pertenecientes a la raza aria", quieren imponer la democracia a sus enemigos a través de la guerra psicológica, bombas racimo o de fragmentación, cárceles secretas de la CIA o la amenaza permanente de llevar "a esos pueblos fanáticos a la edad de piedra".

Este choque de civilizaciones, cuyo origen está en las heridas abiertas por siglos de colonialismo europeo y en la violación sistemática de las fronteras del Islam, tanto físicas como espirituales, es sin duda uno de los mayores retos de esta época en la que el capitalismo asciende galopante por nuevas torres de Babel y la marea del Islam ruge en los malecones de las costas occidentales.

"La invasión estadounidense" de Arabia Saudita, sede de los lugares sagrados del Islam, fue sin duda, junto a la problemática palestina, el factor desencadenante de nuevas formas de un terrorismo internacional que pretende "devolver el golpe", según la máxima de "ojo por ojo" y "diente por diente", a pueblos como el estadounidense que todavía glorifica el lanzamiento de las bombas atómicas sobre las ciudades de Hiroshima y Nagasaki, que se convirtieron en un infierno para la indefensa población civil (niños, mujeres, enfermos y ancianos) que pasaron a ser "víctimas colaterales".

La magnífica obra de Fatima Mernissi, Premio Príncipe de Asturias de las Letras, "Miedo a la Modernidad: Islam y Democracia", me parece un estudio sugerente y rico en ideas que nos invita a reflexionar con espíritu crítico acerca del Islam y

Occidente. Esta doctora en sociología, nacida en Fez en 1940, mantiene una equidistancia entre el mundo árabe y el occidental y se niega a cerrar los ojos ante las injusticias que han marcado hasta nuestros días el desarrollo de ambas civilizaciones.

Mernissi arremete contra Estados Unidos y sus aliados y subraya que "la Guerra del Golfo demostró el arcaico nivel de dos tribus que campan a ambas orillas del Mediterráneo" y trajo confusión, acompañada de decepción, a una gran parte del mundo que comenzó a hacer un diagnóstico más preciso acerca de la salud de las actuales democracias.

Son muchos los intelectuales que se preguntan ahora si las democracias "que proliferan en gran parte del planeta" satisfacen las necesidades más elementales o profundas del hombre o "es necesario llenarlas de contenido y darlas una nueva dimensión" para no abrir en la historia de la humanidad un nuevo Capítulo de la Decepción.

En un reciente debate con mis alumnos acerca de este asunto, la mayoría coincidió en que la democracia actual "no ofrece ni ilusiones ni horizontes ni una participación real de los ciudadanos en la construcción de la 'cosa pública".

Parece ser, a pesar de la excelente decoración del teatro, que el capitalismo es esencialmente fascista y que está desfigurando el rostro de la democracia. Aunque la cirugía estética haga maravillas, el maquillaje no es lo suficientemente bueno como para engañar al pueblo.

******

Retomemos el discurso de Mernissi, quien denuncia con lucidez "la invasión occidental de las fronteras islámicas (hudud), hisn, borch, qasba, simbólicas o de piedra, y se pregunta ¿Qué sucede cuando esas barreras ceden al mismo tiempo?

Para ella, el enemigo se encuentra en todas partes: en el cielo, el mar, en el fondo de los océanos, en la tierra, en las estrellas…..La Meca, es cierto, sigue siendo el lugar más sagrado del mundo musulmán, pero necesita -subraya- de "los cazabombarderos norteamericanos para protegerse".

El miedo y la desconfianza marcan ahora las relaciones entre el mundo musulmán y las democracias occidentales. Los árabes son muy conscientes de que Estados Unidos es la nación más poderosa de la Tierra, pero también se agarran, como a un clavo ardiendo a Alá, y son muchos los que creen que Dios acabará castigando, por su prepotencia, a las naciones del Occidente, donde muere la luz. "G**arb** (occidente en árabe) es el lugar donde se pone el sol y viaja por "las regiones oscuras y tenebrosas".

¿Es un peligro la democracia para la supervivencia del mundo musulmán? Me temo que la respuesta es afirmativa a pesar de que muchos arabistas piensan que todo cabe en El Corán. Yo, por mi parte, creo que si no "separamos lo religioso de lo político" corremos el peligro de dar marcha atrás al Reloj de la Historia y, sin ir más lejos, volver a la época de la excesivamente religiosa- como decía Herodoto- civilización del antiguo Egipto.

Encuentro un grave paralelismo entre el poder que ejercían los sacerdotes y los templos en el Egipto milenario y la inmensa influencia de los imanes en el mundo islámico. Lo mismo que el faraón era el Sumo Sacerdote del País del Nilo, muchos dirigentes musulmanes confunden los textos religiosos de las Casas de la Vida con El Corán y su hádices, a pesar de que se está produciendo un cambio de mentalidad a escala planetaria cuya marea no podrán detener los malecones de las mezquitas y las iglesias.

****

Las ideas de democracia y libertad no son ajenas al mundo árabe: El individualismo, la razón, la rebeldía contra un poder tiránico, la filosofía y sus preguntas últimas, la búsqueda de la verdad, el cuestionamiento del poder etc. no son cotos exclusivos de los occidentales. El mundo islámico está lleno de ejemplos de sabios que se negaron a obedecer al poder establecido y a renunciar a sus creencias. Los intelectuales y poetas muchas veces fueron decapitados, mutilados o arrojados a la hoguera por ir en contra de la ortodoxia de su época.

Siempre hubo pensadores que defendieron "ese algo tan frágil y vulnerable que llamamos *karma, dignidad"*.

Entre otros muchos ejemplos, Mernissi cita al pensador Hallach, *el zahid,* el asceta, el sufí, quien insistía en que el ser humano era depositario del *haqq, la verdad,* y que "todos reflejamos la belleza divina y somos pues, necesariamente, soberanos".

A Hallach le quemaron vivo en Bagdad en el año 390 de la Hégira (siglo XI) por preguntarse "por qué la tierra y sus habitantes están tan alejados y son tan extraños a lo divino".

Este gran hombre, que ponía en duda la autoridad del Califa, escribió estos estremecedores versos:

¿No estará la tierra vacía de Ti
Para que nos lancemos a buscarte en el cielo?

"Su ana I-haqq (yo soy la verdad) no cayó en saco roto, las ideas de Hallach se discutían y comentaban en las calles y bazares de Bagdad", cuenta Mernissi.

Y prosigue: "Recibió mil golpes y no pronunció una sola palabra (…), el verdugo le cortó las manos y los pies, luego la cabeza, que conservó, y quemó el cuerpo. Cuando no fue más que cenizas, lo tiró al Tigris y plantó la cabeza en el puente de Bagdad."

A lo largo de la Historia en el Islam predominaron dos tendencias: Una intelectual, que profundizará en los fundamentos filosóficos del mundo y de los seres humanos, y otra corriente que emprenderá una oposición política violenta, recurriendo a la fuerza.

Los falasifa (filósofos) y sufíes proponían una reflexión a fondo para llegar a la esencia de la naturaleza humana y divina y, al mismo tiempo, plantearon qué lugar debía ocupar la razón y los juicios basados en simples opiniones, como hicieron los occidentales durante el Siglo de las Luces.

"Como en los cuentos de Las *mil y una noches,* ante lo insólito no sabes nunca a qué atenerte. Lo que no comprendes, pero que te fascina, puede hacer que te inclines ya del lado de lo maravilloso, ya del lado de la destrucción. Pues lo que ignoras puede destruirte", señala la *autora*, de origen bereber.

Respecto al poder de los Imanes, a los que atribuye un poder abrumador, señala que en la época que siguió a la muerte del Profeta "eran frágiles y discutibles...." El Imán (jefe de la comunidad de creyentes) debía ser justo, como manda El Corán, porque en caso contrario el pueblo tenía el derecho y la obligación de rebelarse y destituirle.

Ahora esa vulnerabilidad de los imanes ha desaparecido ya que, debido a la ausencia de formaciones políticas laicas fuertemente arraigadas en el pueblo, las masas sólo distinguen entre el Bien y el Mal, y las mezquitas son "los arcos por los que se pasa hasta llegar a los senderos iluminados del paraíso". En muchos países islámicos ha habido "una amputación de la memoria", mediante la que se excluyó de los textos o se manipuló a aquellos pensadores o poetas árabes que necesitaban cotejar sus ideas con las de sus pares occidentales y buscaban conceptos y principios universales.

*****

La aparición y la expansión de los medios de comunicación de masas, han contribuido en parte a un choque frontal entre el mundo islámico y musulmán. Junto al Imán mediático o al líder de Al Qaeda, Osama Bin Laden, cuyos mensajes llegaron a cientos de millones de personas que miran con fascinación "la guerra santa" contra el infiel, los gobernantes de Occidente, que manejan las redes de información más importantes del planeta, imponen poco a poco sus criterios ignorando muchas veces la voz del pueblo que se ve obligado a acudir al arte o a la música para hablar en "otro lenguaje más humano y universal". En otros casos se acude al silencio, a la indiferencia, a la sumisión, al hermetismo, a las drogas o al suicidio.

Tras aseverar lo anterior es necesario resaltar, a la cabeza de los obstáculos, que Occidente siempre difunde a golpe de tambor las llamadas amenazantes del Islam, pero apenas da importancia al clamor de miles, millones de musulmanes, que desean cambios estructurales en sus países y buscan puntos de convergencia, liberadores e integradores, con las naciones que, por una parte, tienden una mano de amistad y, en la otra, ocultan el índice con la que se aprieta el botón de las armas nucleares.

¿Para qué sirven las armas nucleares? ¿Para asegurar la paz mundial o para imponer la voluntad de los poderosos al resto del mundo? ¿Cuál es el razonamiento más lógico? ¿Lanzar una campaña a escala mundial dirigida a construir una nueva aldea global basada en el desarme nuclear o presionar a las pequeñas naciones para que vivan con los brazos cruzados? La Historia está llena de ejemplos de gobernantes "que en un momento de locura" optan por la destrucción total del enemigo. Siempre ha habido un "Eje del Mal" ¿Realmente existe un Eje del Bien y podemos depositar nuestra confianza en los nuevos emperadores que defienden un orden basado en intereses y alianzas militares?

******

La tradición racionalista "árabe"tuvo sus defensores y sus mártires; la corriente más conocida es la de los *mu'tazilíes,* que plantearon el problema del q*adar,* el destino, es decir, la responsabilidad del hombre ante sus actos.

"*Los mu'tazilíes* fueron sistemáticamente combatidos por los detentadores del poder que los condenaron como *falasifa* (filósofos) que *contaminaban el Islam* al introducir en él el patrimonio humanista griego", matiza Mernissi.

Y recalca: "califican de contaminante lo que crea la dinámica misma de cualquier civilización: su capacidad de asimilar y utilizar las ideas y las nuevas conquistas del espíritu humano".

Entre las sectas más combativas del Islam destacaban los *jariyíes* quienes preconizaban que era posible prescindir de un guía espiritual. Una de sus ramas más extremistas, *la Nachdat* proclamaba "que el pueblo no necesita, en realidad, al imán".

Esa idea, en principio revolucionaria, se escucha en boca de muchos musulmanes de a pie que viven en el exilio o en comunidades cerradas donde sus miembros se aíslan como auténticas sectas. La disidencia musulmana sufre un doble destierro, dentro y fuera de su país, y sus intelectuales piensan muy bien -para no irritar a los que mandan- lo que van a decir o escribir.

Incluso escritores moderados, como Naguib Mahfuz (1911-2006), autor de la celebrada Trilogía de El Cairo y Premio Nóbel de Literatura (1988) sufrió un atentado con arma blanca en 1994 llevado a cabo por los Hermanos Musulmanes quienes consideraron su obra como una "ofensa contra el Islam".

La tradición racionalista tuvo sus momentos de gloria en el pasado y triunfó cuando los mu`tazilíes lograron acabar, tras una serie de revueltas, con la dinastía corrupta de los omeyas, con el arma del 'aql', la razón.

Los abasíes adoptaron la filosofía de los mu'tazilíes al menos durante un siglo, un extraordinario siglo de apertura. La traducción del patrimonio humanista griego a la lengua árabe se inició como un proyecto estatal a partir del califa Al- Ma'mun, lo que continuará a lo largo del siglo IX.

Un cristiano Hunayn Ibn Isaac (muerto en 873) creó una escuela de traductores que reclutó a los intelectuales más brillantes de Bagdad y de todo el Imperio. Éstos no se contentaron con traducir el saber helénico, como quiere presentarnos el espíritu reduccionista occidental.

Las mentes más preclaras de esa época viajaron por Irán e India con el fin de recopilar, organizar y traducir las mejores obras de otras culturas con un verdadero espíritu de síntesis. Su inmensa labor intelectual produjo en su cultura un auténtico renacimiento.

Prácticamente todos los grandes hombres del pensamiento científico y filosófico pertenecieron a aquella época: Jawarizmi (muerto en 850), el padre del álgebra, matemático y astrónomo; y Al-Kindi (muerto en 873), considerado el primer faylasuf (filósofo).

El siglo X se seguirían nutriendo de esa fantástica herencia. Alcanzan gran sobrenombre el médico Ar-Razi (conocido en occidente como Rhazes, muerto en 925), Al-Battani, padre de la trigonometría, fallecido en 929, y el metafísico A-Farabi, que soñaba con Al-Medinat al-fadila (la ciudad virtuosa, muerto en 950).

Por desgracia, tras aquella época de esplendor, los abasíes se endiosaron y empezaron a practicar el despotismo, algo que repudió desde sus comienzos, el Profeta.

Dice Mernissi, y con ella coinciden numerosos expertos, que a partir de aquel aciago momento los mu'taziíes se convirtieron en auténticos parias, y el 'aql' (la razón) fue mutilada provocando una caída en picado de la floreciente cultura del mundo musulmán que acabó estancándose en la mediocridad.

Como si de la Santa Inquisición se tratase, se inicia una auténtica caza de brujas contra los falasifa, y los defensores de la razón, como instrumento esencial para llegar a la verdad, serán perseguidos, purgados y condenados tras ser acusados de de *kafir* (infieles) y *mulhid* (ateos).

Aquí conviene recordar lo que decía Mahoma acerca de la universalidad de la cultura y de la necesidad de crear observando los logros y avances del hombre más allá de las fronteras del Islam: "buscar el conocimiento donde sea, allí donde se encuentre, incluso en China".

La tradición racionalista, independientemente de lo que piensa Occidente, no ha desaparecido en el mundo árabe.

En las tierras del Islam hay una dinámica social subterránea que no estalla de milagro, de momento. Por una parte, los imanes, los reyes y los príncipes mantienen un hilo umbilical con Dios para justificar un poder omnipresente y hacer valer su Ley ante las masas que tienen un miedo atroz a la democracia ya que sus líderes no han ahorrado esfuerzos en presentarla como algo monstruoso basado en el ateísmo, el egoísmo, el individualismo y el abandono de los pobres.

Y por otra, muchos intelectuales, filósofos, artistas, vanguardias, alta burguesía y agentes de cambio, no "saben cómo salir de la cárcel divina" y hablar en público de la fascinante diosa de "la democracia y la libertad" que, al ser algo prohibido, su belleza y atractivo la hacen irresistible.

Todos conocemos que los Reyes y Emires del Golfo mantienen unas excelentes relaciones con la Casa Blanca y con la Unión Europea y que el desarrollo de la civilización occidental depende en gran parte de los océanos de petróleo que hay bajo los desiertos de Oriente Medio. ¿Ha pedido oficialmente algún líder occidental que se termine con el aislamiento y opresión de las mujeres en esa parte del mundo o, por el contrario, se ha decidido meter la cabeza debajo del ala? Parece que en este caso predominan los negocios sobre los Derechos Humanos y que son pocos lo que se atreven a dar un puñetazo en los despachos de los carceleros del Golfo Pérsico, donde las mujeres son tratadas sin miramientos como ciudadanos de segunda clase –si son nacionales- o como animales o semi-esclavas – si han sido contratadas en otros países (Filipinas es uno de los ejemplos más hirientes)- para servir a las damas de la alta burguesía. Mientras Occidente da la espalda a esas mujeres, coloca sus altavoces en otras partes del mundo donde casi siempre suena la voz de Eco.

******

Entre los filósofos más leídos en la clandestinidad por el mundo árabe, destaca el marroquí Abed Yaberi. En su obra *Nahnu wa-turaz* (Nosotros y el Patrimonio (intelectual) no sólo reconoce la herencia de los griegos (yunan) que los árabes pasaron a occidente, sino que cuenta como los pensadores y falasifa la hicieron fructificar y la enriquecieron.

En su genial ensayo *Takwín al-aql al-Arabi* (Formación del pensamiento árabe) retoma la oposición entre palacio-obediencia/intelectuales-razón. Sus ideas buscan desesperadamente una reconciliación del pasado greco-árabe con las aspiraciones democráticas de millones de jóvenes musulmanes.

"¿Es qué filósofos como Abed Yaberi no interesan a los medios de comunicación de masas (occidentales) porque no transmiten ese exotismo fácil que las televisiones buscan para construir el Islam aterrador que mueve al rechazo? se pregunta, con gran acierto, la citada socióloga.

Los dirigentes musulmanes, por su parte, quieren grabar en la mente de su pueblo este mensaje: "los mu´tazilies eran traidores que importaban ideas griegas, y los intelectuales modernos son los lacayos de Occidente".

Parece que el problema no es tan simple como parece. Una sociedad laica que cuestione el poder de los imanes y la "procedencia divina" de las monarquías es una grave amenaza contra los regímenes feudales que utilizan el temor a Dios y al "Demonio occidental" para impedir que el pueblo, principalmente los jóvenes con mentalidad abierta, desvelen a la diosa de la libertad y la democracia.

Uno de los mayores defensores de la corriente racionalista fue Taha Husayn, muerto en 1972, quien fue perseguido en vida, juzgado y condenado "por manipulador de ideas paganas y helenísticas (*al-wazniyya wa-l-yunanniyya).* Primero fue acusado de afrancesado y, luego, por "venderse" a las ideas de la joven democracia estadounidense.

Los eruditos egipcios coinciden en que Taha Husayn escribió las páginas más luminosas sobre la vida del Profeta. En un libro que narraba su juicio y que se podía encontrar en muchas librerías del mundo árabe, el pensador aparecía en la portada sentado en el banquillo de los acusados, lo que al parecer, agradaba a las mentes reaccionarias.

Hay que señalar que en árabe de existen muchas palabras de origen griego y eso es sólo un ejemplo de la fascinación que sintieron por los pensadores del ágora ateniense. En la "Luga al Fosja" (árabe clásico) no existe la palabra democracia, en su lugar se utiliza el vocablo *demoqratiyya,* es decir la expresión griega.

Algunos grupos piensan que la democracia puede ser la panacea a todos sus problemas y un puente de indudable valor para tener acceso, al saber occidental, a la cultura internacional y disfrutar, sin tapujos, de los avances del siglo XXI. Entre estos se encuentran, como ya he dicho, la burguesía urbana, femenina y masculina, intelectuales, artistas, empresarios, universitarios etc.

Otros, al contrario, ven en la *demoqratiyya,* la mayor amenaza para su supervivencia y un fracaso del Islam.

No es de extrañar que los que defienden "a costa de la vida" a los imanes son las clases sociales más desfavorecidas pues están convencidas de que "el Islam" tiene un rostro humano que dirige su mirada hacia los pobres y los débiles, y que la "democracia capitalista" se olvidará de ellos pues es, esencialmente, materialista, egoísta e individualista.

Y en este miedo de los pobres, de "los sin futuro", radica el poder de los clérigos, pues la democracia capitalista no es tan bella como la pintan (con su obsesiva adoración a los fuertes y triunfadores). Sólo si la Diosa de la Libertad, se presenta a los más humildes con "un rostro humano", podría ser recibida con júbilo por lo pueblos donde comenzó la civilización y pasaron por épocas de esplendor y oscuridad.

En el mundo árabe hay una mezcla de frustración y religión que es una auténtica bomba de relojería. Hay sin duda un sentimiento de amor-odio hacia Occidente que, en cualquier momento, puede tomar la dirección más inesperada.

Barak Obama dijo recientemente (a principios de 2015) tras entrevistarse con el primer ministro británico David Cameron que en Estados Unidos no existen los guetos musulmanes que proliferan en Europa y que los musulmanes que viven en EEUU se sienten estadounidenses, -al contrario que en Europa, que no se sienten europeos-, lo que acusó como un golpe bajo el inquilino de Downing Street 10.

****

La crisis actual, no es sólo una crisis económica: el mundo necesita valores espirituales y sólidos ideales que devuelvan al hombre la fe en sus gobernantes y que haga creíble el mensaje de que vamos en la buena dirección.

Octavio Paz dijo una vez: "No sé cómo será la siguiente revolución, pero será espiritual porque el espíritu es la parte del hombre que está siendo humillada".

La Carta de las Naciones Unidas presenta su Declaración Universal de los Derechos Humanos "como un ideal común que ha de alcanzarse por todos los pueblos y todas las naciones".

Ese documento, que se perfila cada día más como un sueño, una utopía, fue acogido con euforia por muchas minorías musulmanas, pero rechazado, al ser considerado como una intromisión en sus culturas, por los imanes. En especial, el artículo 18 les sacó de sus casillas:

"Toda persona tiene derecho a la libertad de pensamiento, de conciencia y de religión; *este derecho implica la libertad de cambiar de religión o de convicción,* así como la libertad de manifestar su religión o convicción, tanto en público como en privado".

(Dicho artículo fue proclamado por la Asamblea General en la resolución 217 A (III) del 10 de diciembre de 1948).

Con esas cuatro líneas se hace un valiente alegato a favor de la libertad de pensamiento y se cuestiona (repudia) la obediencia ciega a los gobernantes. Ese mensaje, considerado letal para su supervivencia por muchas dictaduras del mundo, ya sean de un color u otro, tiene una semilla tan poderosa y ligera que, en contra de toda fuerza inmovilista, viajará con el viento y llegará a todas partes.

¿Quién impone siempre su voluntad? ¿Los ricos? ¿Los poderosos? ¿Los fanáticos religiosos? ¿Puede la cultura, la educación e incluso el arte invertir el orden de las cosas? Sin duda el conocimiento y abrir las puertas al mundo, para que corra aire fresco, son elementos de cambio vivificadores.

Y aquí cabe una reflexión de Toffer:

Fuerza y riqueza son, por definición, patrimonio de los más fuertes y los más ricos, mientras que el saber tiene esa propiedad específicamente revolucionaria por la que los más débiles y los pobres también pueden adquirirlo. Es, pues, la fuente de poder más democrática.

Mernissi augura que el mundo árabe va a despegar en un bello texto titulado *El Canto de las mujeres: destino Libertad:*

"No es una profecía, es una intuición de mujer, y Dios sabe, Él, que todo lo conoce, que raramente suele estar equivocada" (en asuntos de intuición)".

La autora está convencida de que *el cambio hacia la modernidad* lo van a liderar las mujeres.

¿Por qué, me preguntaréis, van a ser las mujeres esa audaz vanguardia? *Porque no tenemos nada que perder más que nuestros miedos, nuestras máscaras y todas las mutilaciones que acompañan a la segregación y el encierro.*

Reconoce que en su lucha por la igualdad, las mujeres contaron desde un principio con la ayuda de los intelectuales progresistas y resalta que los reyes e imanes del mundo árabe afrontan desde los años ochenta una nueva monstruosidad: ***la aparición en escena de "la mujer sabia".***

******

La Alianza de Civilizaciones no es sólo posible, sino también necesaria. Hay agentes de cambio a escala planetaria y las ideas se mueven a la velocidad de la luz. Se puede derribar un árbol con un hacha, se puede ejecutar un hombre en el paredón, se pueden cortar cabezas para dar lecciones en nombre de no se qué, se puede encerrar un sabio en la cárcel, se puede lapidar a una muchacha que se niega a llevar el velo y exige su derecho a amar y a elegir con libertad, pero ¿Se puede matar una idea? ¿Se pueden ignorar las aspiraciones del ser humano a la libertad? ¿Se pueden poner muros y alambradas a los legítimos sueños de los hombres y mujeres que están aprendiendo a volar? Vivimos en la época de la inteligencia planetaria, las redes sociales, al igual que las redes neuronales, anuncian, al converger cada día con más fuerza y rapidez, la creación de nuevos mundos que habrá que analizar desde otros prismas y otras coordenadas.

EPÍLOGO

NASSIR, EL SIRIO

EL TEMOR DE LOS MUSULMANES EN EUROPA[8]

[8] Este relato, escrito en 2006, en Madrid, narra, entre otras cosas, las penalidades de los musulmanes en Europa. Está dedicado a mi amigo, "Nassir, el Sirio", quien decía, entre otras cosas, que descendía de príncipes árabes. La historia está basada en hechos reales. (N. del A.)

Al Andalus

"No hay más Dios que Alá y Mahoma es su profeta", decía Nassir, como agarrándose a un clavo ardiendo cada vez que sus creencias se tambaleaban en el Madrid de los sueños rotos. Ese Madrid que tantas veces ha cantado Joaquín Sabina dejándonos el corazón y el alma al descubierto.

Nassir, cuyo nombre en árabe significa el Victorioso, llegó a España hace más de treinta años, cuando todavía era un muchacho, con la aspiración convertirse en médico, casarse con una chica guapa y triunfar al estilo Omar Sharif.

De niño había leído historias fabulosas de reyes y príncipes árabes que habían vivido en Granada, Córdoba y Toledo cuando Al Andalus era una de las regiones más cultas y luminosas del mundo.

"Sadiki, cuando Londres era una aldea apestosa, Granada era una de las ciudades más bellas y cosmopolitas del mundo. Sus palacios, jardines, mezquitas y fuentes eran un reflejo del paraíso. Incluso las huríes lavaban sus cabellos de oro en los estanques perfumados con pétalos de rosas.

Todavía los árabes no pueden evitar derramar lágrimas cuando piensan en su expulsión de España por los Reyes Católicos. No me extraña que muchos musulmanes quieran recuperar al Andalus. El recuerdo de la luz del Califato de Córdoba, heredera de Damasco, nos ciega los ojos cuando vemos lo bajo que hemos caído en estos nuevos tiempos de oscuridad para el Islam", me decía Nassir.

Nassir había convertido El Café Comercial, lugar emblemático de la Glorieta de Bilbao (Madrid) en uno de sus refugios preferidos y, cuando las fuerzas le flaqueaban, asomaba su cabeza, como un pez de ojos saltones que me recordaba al besugo, entre los enormes y agrietados espejos de ese viejo local que reproducían su imagen con inusitada rapidez.

Mi amigo, que no dejaba de hablar del Corán y de recitar las divinas palabras del Profeta, tardó muchísimo tiempo en aceptar el rechazo de la sociedad y el racismo que se interponía, como una alambrada, entre su alma y Al Andalus.

Abandonó su carrera de medicina en el segundo curso ya que su familia dejó de enviarle dinero (los negocios de su padre en Damasco quebraron) y, tras un periodo en el deambuló por las calles desesperado, decidió ganarse la vida como vendedor ambulante en los subterráneos del metro, en las tripas de Madrid, donde realmente se palpa el aliento de la sociedad.

Nassir iba todos los días al metro con un bulto de baratijas, pulseras, anillos, collares, etc que desplegaba sobre una manta en las horas punta de la mañana cuando la gente se amontonaba en los trenes para ir al trabajo y corría por los pasillos para llegar con puntualidad la cita con sus jefes.

Vendía la mercancía a precio de ganga, sobre todo a las chicas y, cuando la jornada salía bien y se ganaba un salario para comer, abandonaba el subterráneo, respiraba profundamente y miraba hacia el cielo en busca de las estrellas que un dio vio en oasis de desiertos lejanos cuando todavía era niño y le fascinaba la comunión entre los beduinos y los camellos. Encontrara o no estrellas, sintiera o no el manto del cielo protector, marchaba cauteloso hacia su pensión donde dormía plácidamente por haber sobrevivido un día más de forma honrada.

- "Sadiki, soy un apátrida, no puedo regresar a Siria ni continuar mis estudios. ¿Qué hago?"- me decía Nassir.

A veces me contaba como varios agentes de la policía le sorprendían vendiendo sus baratijas en el metro y como tenía que abandonar todas sus posesiones y huir corriendo para no ser pillado y llevado a comisaría, donde sería interrogado sin miramientos por llevar la media luna grabada en la frente.

-"¡Joder!, hoy he tenido que escapar. Hubo un chivatazo y varios agentes se acercaron con un perro. Mi corazón saltaba como una rana. Parecía que me iba a dar un infarto. Me escapé de milagro. Alá es grande", contaba Nassir, hombre pequeño, rubio y de ojos azules, quien afirmaba con orgullo que descendía de príncipes de El Líbano.

"Abderramán, Abderramán, moro de la morería
El día que tu naciste grandes señales había
Estaba la mar en calma
Y la noche estaba encendida
Moro que en tal día nace
no debe decir mentira".

Este poema solía recitar Nassir frente a los espejos del Café Comercial que reflejaban, con la magia de Aladino, las columnas de humo de nuestros cigarrillos. En aquella época fumar era un placer visto con buenos ojos por el Gobierno. Coger un cigarrillo te convertía por unos instantes en Humphrey Bogart, Buñuel o Marilyn Monroe.

"He visto a un hombre vivir tras recibir mil puñaladas y he visto a un hombre morir, con una sola mirada", repetía Nasir, quien en momentos de rabia e impotencia recordaba ese dicho andaluz que tan fuerte impresión causó a Paul Bowles.

Nassir se marchó de Siria en la década de los setenta del siglo pasado para no hacer la mili en su país porque – según me dijo – odiaba a un Gobierno dictatorial que pisoteaba los Derechos Humanos.

Cuando terminó el bachiller superior en Damasco, consiguió un visado para estudiar medicina en España tras firmar un documento oficial en el que se comprometía a regresar a Siria para hacer el servicio militar: una mezcla de entrenamiento bélico y adoctrinamiento borreguil que en aquella época duraba entre tres y cinco años.

-"Deseo regresar a mi país para ver a mi familia pero no puedo porque me espera la cárcel por desertor. ¿Podré ver vivos a mis padres algún día? me comentaba Nassir en nuestros encuentros en el café, ubicado en el castizo barrio de Chamberí a pocas manzanas de la entrañable Plaza de Malsaña.

Con el paso de los años mi amigo fue perdiendo pelo, hasta quedarse calvo, por lo que el humo de sus cigarrillos, cada vez más espeso, empezó a servirle de turbante.

Idealizaba y odiaba su país al mismo tiempo. Cuando le invadía la nostalgia me contaba historias fantásticas y me comentaba orgulloso que "los musulmanes jamás abandonan a un amigo y jamás olvidan y perdonan una ofensa".

Yo pensaba con horror acerca de la primera Guerra del Golfo y me imaginaba a la cantante española Marta Sánchez bailando en un escenario levantado a las orillas del Eúfrates, al igual que las 'coyote girls' de la película Apocalipsis Now, mientras las bombas racimo o de fragmentación mutilaban ciegamente a seres inocentes en los mercados y calles de Bagdad.

-¿Sadiki, conoces la historia de Al karim?, me preguntó Nassir mientras yo sorbía un café en El Comercial intentando imaginar cómo era este lugar en sus tiempos dorados cuando reunía a poetas, escritores, periodistas, artistas y bellas mujeres que hacían de musas y amantes.

-"No tengo ni idea", le contesté acordándome que, hace unos diez mil años, en lo que hoy es Siria comenzó la civilización.

Nassir se concentró, arrugó su calva convirtiéndola en un arado y comenzó, al estilo de las Mil y una Noches:

-"Al Karim[9] era un hombre muy generoso que siempre agasajaba a sus amigos con lo mejor que tenía en casa. Un día cuando estaba en el desierto en su jaima[10] aparecieron unos nómadas muertos de hambre. El hombre, que en ese momento no tenía nada que ofrecerles, ordenó a uno de sus criados que mataran a su caballo, animal que adoraba, para dar de comer a sus inesperados huéspedes", contaba Nassir.

Sus labios y sus ojos, cansados de tanto destierro sin Itaca, empujaban, como olas del Mar Muerto, sus palabras.

-"Por eso –continuó- cuando alguien es muy grande, los árabes decimos: es más generoso que Al Karim".

La generosidad era para Nassir una de las mayores virtudes del pueblo árabe.

"Sadiki, el profeta Mahoma nunca se acostaba sin haber entregado la última moneda que llevaba a alguien que necesitara ayuda", me explicaba Nassir con los ojos abiertos como platos para ver si había la más mínima posibilidad de convertirme al Islam.

---

[9] Karim: Generoso en áraba

[10] Jaima: Tienda del desierto

"En el mundo árabe está prohibida la usura. Los bancos del Estado tienen prohibido cobrar intereses. Mahoma advirtió muchas veces de que los ricos que amasan fortunas sin escrúpulos pagarán su pecado en el infierno", subrayaba mi amigo.

La única posibilidad que tenía Nassir de ir a Siria y ver a su madre y a sus hermanos (su padre ya había muerto) era conseguir la nacionalidad española, lo que logró tras una larga espera de treinta años y miles de horas de consultas con abogados de oficio.

Entre sortija y collar dejó su juventud en los túneles del metro y dos sombras como cenizas de payaso se alojaron en sus ojeras. Era como un búho calvo que había vivido un doble destierro, el de su país y el de Al Andalus.

Tras décadas de vender sus baratijas en el averno del metro logró reunir un pequeño botín y, aconsejado por mi, se compró un pequeño apartamento en Cuatro Caminos, barrio madrileño muy frecuentado por emigrantes. En un cuarto piso sin ascensor, de apenas treinta metros cuadrados, encontró espacio suficiente para colocar su estera y rezar todos los días a Alá con la cabeza puesta en dirección a La Meca.

Un día un amigo suyo llamado Said (fue el primer torero árabe que faenó en España y México), le ofreció la posibilidad de trabajar como taxista.

Said[11] había hecho una pequeña fortuna con la que compró varios taxis y fundó una empresa inmobiliaria.

(Los curiosos que duden de esta historia pueden consultar los archivos de tauromaquia. Yo mismo le he visto torear en un pueblo de Madrid, aunque debo reconocer que en aquella ocasión fue corneado en un muslo cuando brillaba orgulloso en su traje de luces).

-¡Por fin he conseguido la nacionalidad española!, ya puedo ir a Siria a ver a mi madre y a mis hermanos-. Me dijo Nassir con lágrimas en los ojos en el verano del 2004.

Yo abracé a Nassir y le dije:"! Amigo, Alá es Grande. Felicidades!". Y me acordé del pobre "Sinhué el egipcio" (Mika Waltari) que decía en su destierro "quien haya bebido de las aguas del Nilo, ninguna otra agua podrá calmar su sed".

[11] Said: Feliz en árabe

Nassir se fue a rezar a la Mezquita de la M-30 y pocos días después compró su billete de avión y regresó a Damasco.

El fin de semana siguiente, cuando veía por enésima vez la película "Casa Blanca", sonó el teléfono. Era Nassir que me llamaba con su móvil desde Damasco.

-¡Sadiki, Sadiki, he visto a mi madre y a mis hermanos (tenía dos hermanos y una hermana). Mi madre ha decidido buscarme una esposa y me obliga (tartamudeo) a casarme".

Yo, que conocía Egipto, me imaginé una boda árabe y a Nassir en un trono pintado de purpurina color oro mientras las saharis[12] movían su lengua a gran velocidad para anunciar el feliz acontecimiento. Visualicé a Nassir paseando por la calle con su mujer que me figuraba con un velo negro cubriéndole el rostro.

Nassir estaba atrapado. No era ni español ni sirio. No era más que un náufrago sin una Itaca a la que regresar.

[12] Saharis: Mujeres que festejan acontecimientos importantes haciendo un sonido muy particular con la lengua.

Mayrit

Nassir no aguantó mucho tiempo en Damasco. Tras consolar un tiempo a su madre inventó un asunto pendiente para escapar de aquel horroroso matrimonio.

En España, sobretodo en su época de juventud, había conocido a mujeres modernas de ideas avanzadas que le enseñaron lo que era el amor libre de prejuicios y perjuicios.

Incluso en uno de sus viajes el norte de Africa había tenido una aventura con una joven y sexi musulmana que le envolvió en llamas el corazón. Esa relación le hizo sentir por unos instantes que era posible la liberación de la mujer en todos los rincones de la Tierra. Esa amante fugaz que se movía como una diosa en un mundo hostil, le dejó una huella profunda en su alma y en su corazón.

Su regreso a Madrid fue demoledor. Se empezó a sentir raro y aislado y comenzó a frecuentar las consultas de psiquiatras, psicólogos y otros pájaros con anteojos que parecían recién escapados del manicomio. Como es habitual, su relación con los sanadores de mentes le desequilibró totalmente. Acabó convirtiéndose en un manojo de nervios y perdió el autocontrol. Terminó como una barca sin timón a la deriva.

Protegido artificialmente con montañas de tranquilizantes, sedantes y estimulantes, parecía que se subía a las palmeras. A veces entraba en un estado de agotamiento total y se pasaba horas enteras rezando a Alá, intentando comprender la carga de su destino.

Le tocó trabajar en el turno de noche y empezó a llevar en sus carreras a borrachos, búhos, prostitutas y prostitutos, cazadores, ligones, drogadictos, skinheads, tontos del botellón y hasta celebridades que, según me dijo, se marchaban sin pagarle.

Ya no era posible soñar con el manto protector de los bosques de estrellas.

Su soledad le llevó a encerrarse cada vez más en su casa y, cuando no trabajaba, se pasaba las horas viendo la televisión y purificando su alma con las suras del Corán.

"Es increíble lo de Mahoma, Sadiki. La Revelación del Profeta fue algo escalofriante. Se encontraba en una cueva cuando el Arcángel Gabriel le abraza hasta que casi pierde el conocimiento y le ordena ¡Recita!

Al final Mahoma se sorprendió asimismo pronunciando las primeras palabras del Corán:

¡Predica en el nombre de tu Señor, el que te ha creado!
Ha creado al hombre de un coágulo.
¡Predica! Tu Señor es el Dadivoso
Que ha enseñado a escribir con el cálamo:
Ha enseñado al hombre lo que no sabía"

¡Qué cosa más maravillosa!- agregaba-. ¿Cómo es posible que un hombre analfabeto pronuncie palabras tan divinas y elevadas!

Nassir intentaba encontrar sentido a la vida en Alá y el Corán, pero había escogido una época equivocada. La luz del Andalus había dejado de brillar y todo lo que olía a musulmán desprendía un tufo a fanatismo, incultura, subdesarrollo, intolerancia, machismo, ideas trasnochadas y medievales: lastres de un mensaje oscuro.

****

La belleza de la Luna del mundo islámico entraba en colisión con el prepotente Sol de Occidente y una nueva página se abría en el Historia.

Y llegaron las revueltas de Francia al tiempo que los emigrantes subsaharianos pasaban la alambrada que separa Marruecos de Ceuta (España) quedando alguno atravesado en la corona de lanzas, cada vez más afiladas y más altas.

Emigrantes desarrapados clavaban sus largos dedos en la tela metálica aprovechando la obscuridad de la noche en un intento desesperado por llegar a Europa y salir de la enfermedad, la vejez prematura y la muerte.

Nassir temblaba viendo ese espectáculo en televisión al tiempo que se le salían los ojos de miedo leyendo los periódicos que retrataban con la máxima preocupación la ola de incendios y disturbios que se desató en Francia el 27 de octubre de 2005.

"Los árabes han salido de sus guetos en Francia y han empezado a quemar y destruir autobuses, coches, edificios oficiales y comercios. Las llamas pueden alcanzar a España arrinconando aún más a los musulmanes que vivimos aquí intentado salir delante de forma digna", decía exaltado Nassir.

Yo me tragaba el humo de sus cigarros y respondía "Nassir, Nassir, cálmate". Pero él hacía oídos sordos a mis palabras. Daba fuertes chupadas a su pitillo y lo quebraba con sus nerviosos dedos.

"El ministro francés del Interior, Nicolás Sarkozy, ha dicho que 'hay que limpiar los suburbios a manguerazos' y se ha quejado de la regulación de inmigrantes hecha por el Gobierno español. Si la sociedad no se sensibiliza, pronto veremos un crecimiento del racismo en todo Europa", expresaba con palabras entrecortadas Nassir.

Las siguientes semanas las pasó muy mal trabajando en el taxi. Hacia la jornada de seis de la tarde a seis de la mañana y con frecuencia cargaba a gente ebria y maleducada.

Las hileras de borrachos de la Gran Vía se ponían enfrente de su vehículo para obligarle a parar y, cuando aceleraba, blasfemaban o le insultaban.

"No todos los días son así. A veces cojo a chicas guapísimas y a gente muy humana. Todo el mundo dice que hay dos Españas: la generosa que te da todo y la mezquina que te aplasta", me dijo Nassir un día antes de tirar la toalla y marcharse a Damasco para casarse con la mujer del velo negro.

Las palomas sobrevuelan la minarete de la mezquita que está cerca de su casa. Ocupa un pequeño apartamento con su esposa Latifa y su madre Fátima. En sus paredes hay carteles de la Plaza de Toros de Madrid, La Cibeles y la Plaza de España con las esculturas de Don Quijote y Sancho Panza.

De las ventanas de su salón salen las notas de una canción que le regalé el día de su despedida y que, por alguna razón, se ha convertido en su melodía favorita. Se trata de una composición de Luis Eduardo Aute. Dice así:

> La Luna sobre Tánger
> Velaba la noche de Alá…
> Te recordé,
> Desnuda bajo el cielo protector.
> Tomando té
> Adormecida sobre tu chador
> Cuando te amé
> En las terrazas de Hafa Café…
> Hafa café

(Este relato –como dije anteriormente- fue escrito en Madrid, en 2006. Desde que comenzó la crisis en Siria, en marzo de 2011, y la subsiguiente guerra civil, no he vuelto a saber nada de Nassir ni de su familia).

Bibliografía

- "El Collar de la Paloma". Autor: Ibn Hazm de Córdoba. Versión del arabista Emilio García Gómez, con prólogo de José Ortega y Gasset (Alianza Editorial, 1971).
- "El Corán". Traducción Julio Cortés (Herder Editorial, 1999).
- "Los Versos Satánicos". Autor: Salman Rushdie. (Editorial DEBOLSILLO, 2003).
- "El Anticristo". Autor: Friedrich Nietzsche. (Ed. Fontana-Brontes, 2012".
- "La Divina Comedia". Autor: Alighieri, Dante. Prólogo de Jorge Luis Borges. (Editorial Océano, 2011).
- "La Cruz y la Media Luna: Las Dramáticas Relaciones entre el Cristianismo y el Islam desde Mahoma hasta Isabel la Católica". Autor: Richard Fletcher. (Ed. Península, 2005).
- "El Islam". Autora: Karen Armstrong. (Ed. Debate, 2013).
- "La Revolución Bajo el Velo". Autora: Fariba Adelkhan. (Editorial Bellaterra, 1996).
- "El Miedo a la Modernidad: Islam y Democracia". Autora: Fatima Mernissi. (Ed. Oriente y Mediterráneo, 1992).

Otras Fuentes:

- Curso de: *"Experto profesional en Cultura, Civilización y Religión Islámicas",* impartido por la Universidad de Educación a Distancia (UNED, Madrid, 2006-2007).
- Centro Cultural Hispánico de El Cairo (1977-1979).
- Prensa: El País; El Mundo, La Vanguardia; ABC y otros medios de comunicación.

Printed by Books on Demand GmbH, Norderstedt / Germany